Deutsch-Stars Lesetraining: Mit Spaß lesen lernen

Liebe Kinder,

mit diesem Lesetraining könnt ihr selbstständig das Lesen üben:

- im Unterricht, wenn ihr mit euren Aufgaben fertig seid.
- zu Hause, wenn ihr noch mehr üben wollt.

In diesem Heft findest du Informationen, Geschichten und Rätsel rund um das Thema „Ritter, Räuber und Piraten".

Und so wird geübt:

- Bearbeite eine Doppelseite.
- Vergleiche deine Arbeit mit dem Lösungsheft und verbessere Fehler.
- Nun darfst du einen Stern hinten in das Heft kleben.
- Wenn du alle Seiten bearbeitet und mit den Sternen das Bild geschmückt hast, bist du ein **Lese-Star**!

Zum Schluss möchten sich noch Klara und Alex vorstellen.
Sie begleiten euch in diesem Heft und geben euch an vielen Stellen Tipps.

Viel Spaß beim Lesetraining!

1

Inhaltsverzeichnis

Die Bilder helfen dir.

Was gehört zu wem?
Verbinde die Wörter mit dem passenden Bild.

Schiff ⊃   ⊂ Papagei

Steuerrad ⊃   ⊂ Burg

Knappe ⊃   ⊂ Schatzkarte

Pferd ⊃   ⊂ Holzbein

Segel ⊃   ⊂ Kopftuch

Totenkopf ⊃   ⊂ Augenklappe

Helm ⊃   ⊂ Rüstung

Turm ⊃   ⊂ Kettenhemd

Suche zu den drei Bildern die passenden Sätze. Verbinde.

Piraten fahren mit Schiffen.

Auf der Flagge vieler Piraten ist ein Säbel.

Die Piraten haben viel Gold in großen Kisten.

Die Piratenflaggen sind meist schwarz.

Manchmal stehlen Piraten auch goldene Kronen.

Früher waren die Schiffe der Piraten aus Holz.

**Lies Wortanfang und Wortende zusammen.
Streiche jeweils die beiden Wortenden durch,
die nicht passen.**

Kanonen-

kugel
rohr
wasser
bart

Räuber-

turnhalle
zacke
höhle
bande

Piraten-

bagger
flagge
nuss
schiff

Ritter-

nebel
rüstung
wolle
burg

Schatz-

linse
karte
truhe
kanne

Burg-

fräulein
graben
lasso
hut

See-

räuber
mandarine
tisch
fahrt

Pferde-

sonne
stall
krug
kutsche

Was gibt es nicht auf dieser Burg?
Streiche falsche Dinge durch.

lange Tische
Plastikfische

Straßenschilder
schöne Bilder

Autobahnen
bunte Fahnen

Speiseräume
hohe Bäume

weiße Pferde
sieben Zwerge

Wassergraben
schwarze Raben

große Steine
Führerscheine

Zeitungsständer
rote Bänder

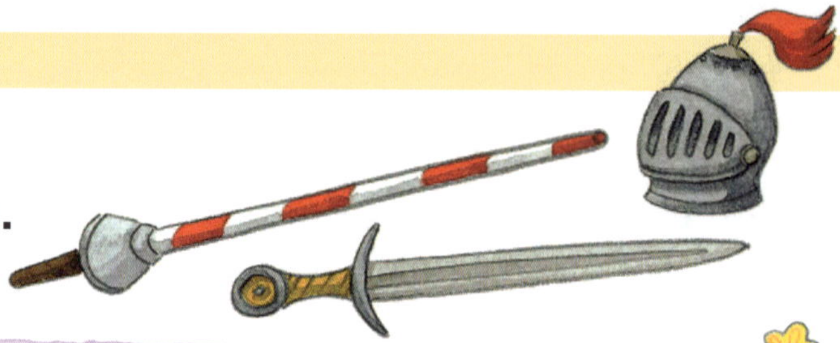

Kreuze die richtige Person an.

Ich kann gut reiten.

Ich habe eine lange Ausbildung.

Ich trage eine Lanze.

Ich kämpfe auf Turnieren.

Ich lebe im Mittelalter.

☐ Räuber

☐ Dieb

☐ Ritter

☐ Pirat

Ich schieße mit Kanonen.

Ich trinke gerne Rum.

Ich raube fremde Schätze.

Ich fahre über die Meere.

Ich trage eine Augenklappe.

☐ Einbrecher

☐ Ritter

☐ Dieb

☐ Pirat

Ich schleiche nachts im Dunkeln.

Ich kenne gute Verstecke.

Ich trage eine Pistole.

Ich knacke alle Schlösser.

Ich mache fette Beute.

☐ Ritter

☐ Pirat

☐ Räuber

☐ Lügner

Bullaugen sind runde Fenster im Schiff.

Zeichne unten im Bild die Dinge ein, die du im Text erliest.

Das Boot ist aus braunem Holz.

Es hat fünf Bullaugen.

Ein Anker hängt an der Ankerkette.

Das rechte Segel ist schwarz.

Das linke Segel ist rot.

Über dem roten Segel befindet sich eine Piratenflagge

mit Totenkopf und gekreuzten Knochen.

Am Steuerrad steht ein Pirat.

Er hat ein blaues Piratentuch auf dem Kopf.

Ein Schimmel ist ein weißes Pferd.

Kreuze nur die passenden Sätze an.

☐ Der Ritter trägt eine Rüstung.

☐ Auf seinem Kopf sitzt ein Helm.

☐ Er hat einen schwarzen Bart.

☐ Am Helm sind rote Federn.

☐ In der Hand hält er ein Schwert.

☐ Sein Umhang ist blau.

☐ Das Pferd ist ein Schimmel.

☐ Auf dem Pferderücken liegt eine grüne Decke.

☐ Der Pirat trägt ein gestreiftes Hemd.

☐ Er hat einen blauen Hut auf.

☐ Auf seinem Hut ist ein Totenkopf.

☐ In der Hand hat er eine Pistole.

☐ Ein Rabe sitzt auf seiner Schulter.

☐ Der Pirat liebt Schmuck.

☐ Seine Füße stecken in Turnschuhen.

☐ Um den Bauch hat er einen Gürtel.

Kreuze an, was am besten passt.

Achte auf die Verben!

	hören	sehen	riechen	schmecken
Die Schatzkarte raschelt.				
Der Ritter hat ein schönes Pferd.				
Die Schwerter klirren gefährlich.				
Der Lagerfeuerrauch kitzelt in der Nase.				
Der Räuber brüllt: „Hände hoch!"				
Der ungewaschene Knappe stinkt.				
Die Kanonenkugel zieht einen Bogen.				
Der Honigwein ist lecker.				
Das Burgfräulein duftet nach Parfüm.				
Der Piratenkapitän hat ein Holzbein.				
Die Schatzkiste knarrte beim Öffnen.				
Der Schiffszwieback ist ungenießbar.				
In der Südsee geht die Sonne unter.				
Ritter Eds Rüstung quietscht und scheppert.				
Räuber Ratzeputz schnarcht fürchterlich.				
Der eingelegte Fisch ist salzig.				

Räuber Nimmersatt kriegt nie genug. Leider sind ihm auch Dinge in seinen Sack geraten, die gar nicht wertvoll sind. Streiche sie durch.

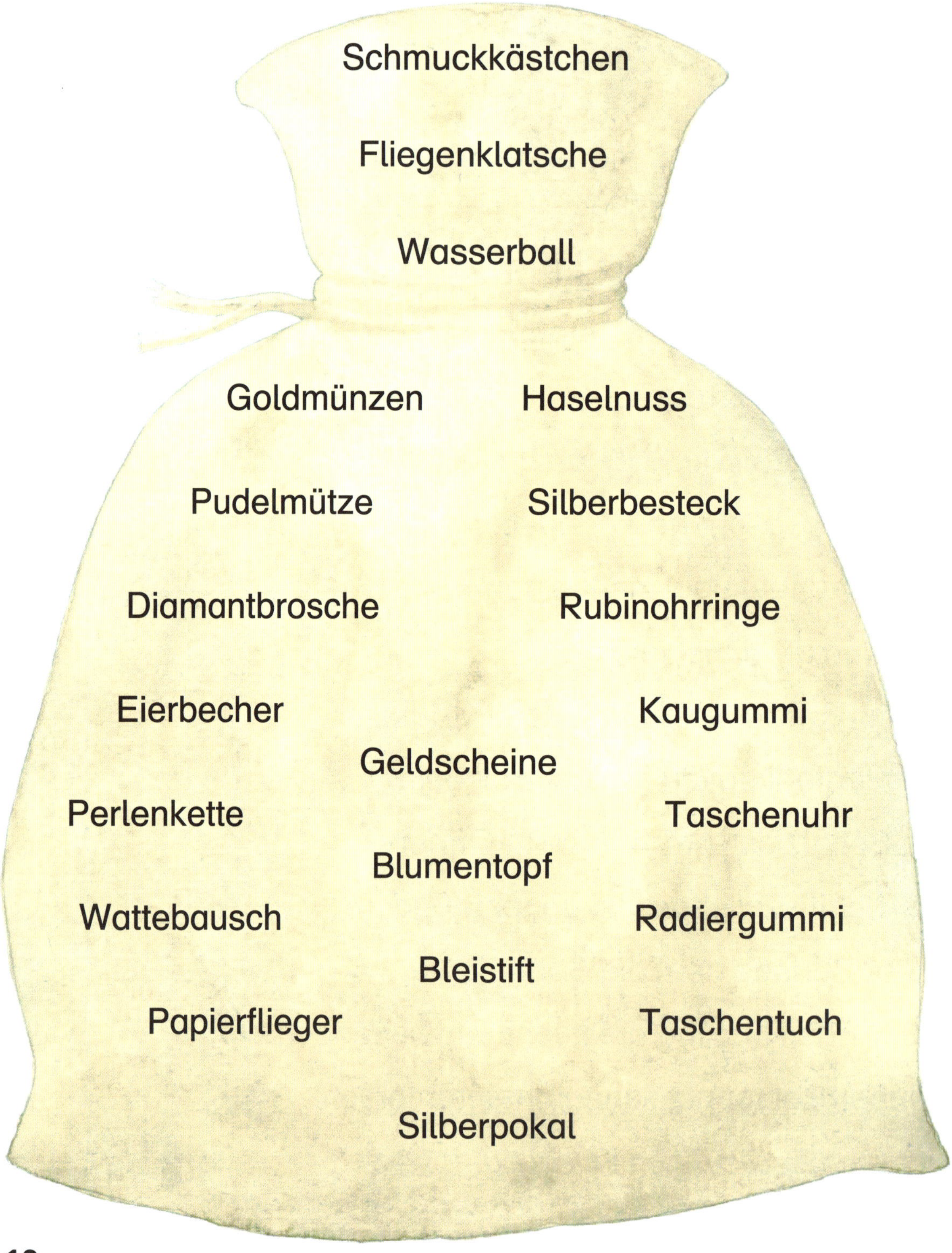

Schmuckkästchen

Fliegenklatsche

Wasserball

Goldmünzen   Haselnuss

Pudelmütze   Silberbesteck

Diamantbrosche   Rubinohrringe

Eierbecher   Kaugummi

Geldscheine

Perlenkette   Taschenuhr

Blumentopf

Wattebausch   Radiergummi

Bleistift

Papierflieger   Taschentuch

Silberpokal

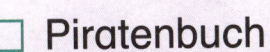

Ich mag Märchenbücher.

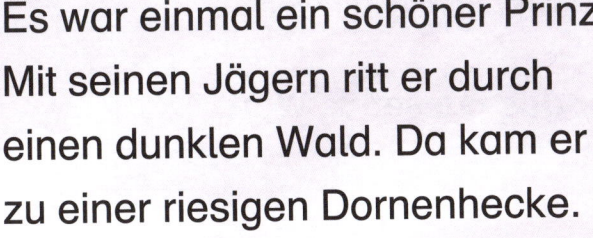

In welchem Buch steht welcher Text? Kreuze an.

Es war einmal ein schöner Prinz.
Mit seinen Jägern ritt er durch
einen dunklen Wald. Da kam er
zu einer riesigen Dornenhecke.

☐ Ritterbuch
☐ Piratenbuch
☐ Märchenbuch
☐ Räuberbuch

Hotzenplotz raubte der Großmutter
die Kaffeemühle. Kasperl und
Seppel beschlossen, den Dieb
zu fangen. Sie suchten nach
seinem Versteck.

☐ Märchenbuch
☐ Piratenbuch
☐ Ritterbuch
☐ Räuberbuch

Im Mittelalter zogen die Reiter
mit Lanzen in den Kampf.
Sie trugen eine schwere Rüstung.
Die Burgherrin kümmerte sich
um den Haushalt.

☐ Ritterbuch
☐ Räuberbuch
☐ Märchenbuch
☐ Piratenbuch

„Alle Mann an die Kanonen!",
brüllte der Kapitän. Er humpelte
mit seinem Holzbein über das
Deck. Das Schiff schwankte
in den Wellen.

☐ Räuberbuch
☐ Piratenbuch
☐ Märchenbuch
☐ Ritterbuch

Achte auf die Körperteile!

Eine Ritterrüstung bestand aus vielen Einzelteilen. Sie wurde von besonders ausgebildeten Schmieden in vielen Stunden mühsamer Arbeit hergestellt. Daher waren sie sehr teuer. So eine Rüstung war aus Eisen und richtig schwer.

**Schreibe die Buchstaben vor das passende Wort.
Es entsteht ein Lösungswort.**

____ Helm

____ Visier mit Sehschlitzen

____ Brustpanzer (Harnisch)

____ Bauchreifen

____ Achselstücke
(an den Schultern)

____ Kettenhemd

____ Ellenbogenbuckel

____ eiserne Handschuhe

____ Kniekacheln

____ Beinschienen

____ Schuhe

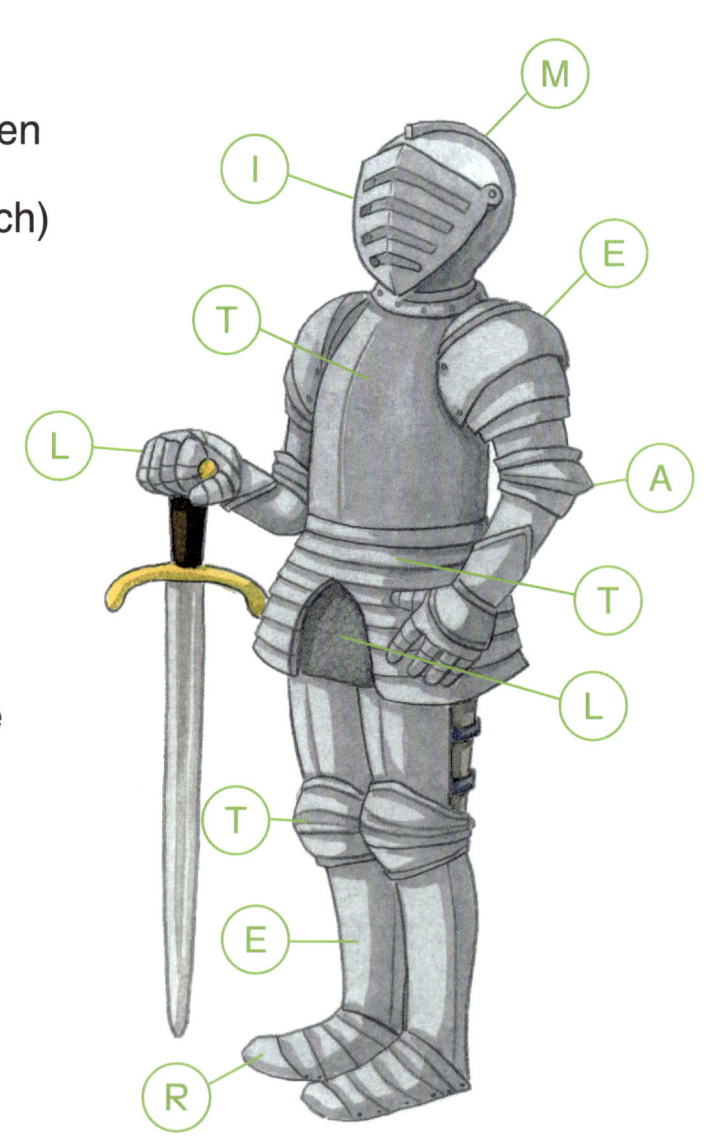

Streiche die Sätze durch, die nicht zum Bild passen.

- Zwei Diebe sind vor dem Laden.

- Die Ladentür ist geschlossen.

- Ein Räuber trägt einen Rucksack.

- Eine Uhr fällt aus dem Rucksack.

- Ein Räuber hat zwei Tüten in der Hand.

- Auf dem Kopf hat er eine blaue Mütze.

- Ein Räuber trägt eine Brille.

- Die Räuber brechen nachts ein.

- Es kommen zwei Polizeiautos.

- Auf dem Boden liegen Scherben.

- Einer der beiden Räuber ist eine Frau.

An meinen alten Piratenfreund Holzfuß!

Ich habe dir meinen Piratenschatz hinterlassen.
Du findest ihn, wenn du die Schatzkarte genau
anschaust.
Bei der Höhle beginnt dein Weg. Von dort aus gehst du
bis zu den drei Tannenbäumen. Jetzt wanderst du
möglichst gerade zum Geisterberg. Von hier aus läufst
du weiter zur alten Burgruine. Überquere den kleinen
Fluss. So kommst du direkt zur Totenkopfgrube.
Zeichne den Weg auf der Schatzkarte ein, die ich dir
mitgeschickt habe.
Welcher Buchstabe entsteht dabei?
Schreibe ihn hier auf: _____
Findest du diesen Buchstaben auf der Karte?
Kreise ihn rot ein.
Dort ist der alte Piratenschatz.
Herzlichen Glückwunsch! Werde glücklich mit dem
Schatz.

Dein Freund Schlitzohr

Führe alles aus, was Holzfuß tun soll.

Suche waagerecht und senkrecht!

Suche die folgenden 14 Wörter und kreise sie ein.

Kapitän   Rum   Holzbein   Mast   Totenkopf

Segel   Flaggen   Enterhaken   Augenklappe

Anker   Pirat   Kanone   Schatzkarte   Ohrring

K	L	A	T	O	B	U	A	L	B	E	S	T	C
G	I	R	L	Ö	M	N	U	W	L	S	C	H	E
P	A	R	T	F	O	L	G	E	R	C	H	T	I
O	P	H	O	L	Z	B	E	I	N	B	A	J	L
S	P	I	T	A	F	O	N	A	K	A	T	O	P
T	O	L	E	G	E	P	K	E	R	I	Z	U	N
K	Ü	E	N	G	N	X	L	Y	A	N	K	E	R
I	K	I	K	E	T	J	A	H	P	F	A	X	F
K	A	N	O	N	E	B	P	N	N	R	R	U	M
O	P	E	P	E	R	A	P	I	R	A	T	G	A
P	I	M	F	I	H	S	E	G	E	L	E	I	H
A	T	E	R	M	A	S	T	P	O	M	Ö	T	A
B	Ä	T	E	L	K	I	S	E	T	Z	W	I	D
H	N	E	I	M	E	L	V	Ä	I	G	O	L	Ü
O	H	R	R	I	N	G	L	A	F	E	T	W	O

Markiere im unteren Witz die 10 Unterschiede.

Ein ganz alter Pirat, der nicht mehr auf See fahren konnte, saß in Lumpen gekleidet unter einer Brücke. Es ging ihm nicht wirklich gut. Plötzlich hörte er neben sich ein Rascheln.
Da stand ein Klabautermann neben ihm. Der Mann rieb sich die Augen und glaubte nicht, was er sah.
Der Klabautermann sprach zu dem Alten mit dem Holzbein: „Du bist ein ruhmreicher und ehrenvoller Pirat.
Deshalb hast du bei mir drei Wünsche frei."
Da entgegnete der Alte: „Ich habe nur einen Wunsch.
Ich hätte gerne ein warmes Plätzchen!" Und ehe er sich's versah, hielt er einen dampfenden Keks in der Hand.

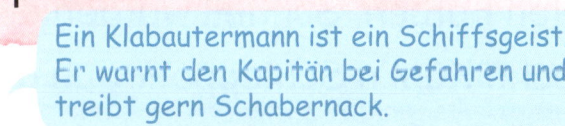

Ein Klabautermann ist ein Schiffsgeist. Er warnt den Kapitän bei Gefahren und treibt gern Schabernack.

Ein ganz alter Pirat, der nicht mehr auf See fahren konnte, lag in Lumpen gekleidet unter der Brücke. Es ging ihm nicht besonders gut. Plötzlich hörte er neben sich ein Rumpeln.
Da stand ein Klabautermann neben ihm. Der Alte rieb sich die Augen und glaubte nicht, was er sah.
Der Klabautermann sprach zu dem Mann mit dem Holzbein: „Du bist ein ruhmreicher und ehrlicher Pirat.
Deshalb hast du bei mir zwei Wünsche frei."
Da entgegnete der Alte: „Ich habe bloß einen Wunsch.
Ich hätte gerne ein warmes Plätzchen!" Und ehe er sich's versah, hielt er einen dampfenden Keks auf der Hand.

Langsam glitt das Piratenschiff
der „schrecklichen Hasenbande"
über das Meer. Die Hasen-Seeräuber
lagen faul in der Morgensonne.
Plötzlich schrie der einäugige Hops:
„Beuteschiff in Sicht! Alle Mann
auf ihre Posten!" Er war auf die
höchste Mastspitze geklettert und
hatte einen Dampfer entdeckt.

Hastig schleppten die jungen Piratenhasen jede Menge
Körbe an Deck. Darin befanden sich hart gekochte Eier
in vielen Farben. Schnell wurden die Eierkanonen in Position
gebracht. Käpt'n Schlappohr gab den Befehl zum Angriff:
„Feuer!" Die Ostereier sausten auf das feindliche Schiff.

Doch was war das? Auf einmal flogen den Piraten Karotten,
Kohlköpfe, Gurken und Tomaten um die Ohren. Die Gegner
schossen zurück. „Autsch!" Humpelhase war mit seinem
Holzbein auf einer zermatschten Tomate ausgerutscht.

Schlappohr wischte sich ein Gurkenstück aus dem Auge.
„Feuer einstellen!", schrie er. „Sammelt die brauchbaren
Schatzstücke ein! Das genügt für die nächsten Wochen!"
Alle freuten sich. Sie hatten fette Beute gemacht!

1 **Zu welcher Tageszeit waren die Piraten unterwegs?**

☐ abends   ☐ nachts   ☐ morgens   ☐ mittags

2 **Auf welcher Art von Schiff fuhr die „schreckliche Hasenbande"?**

☐ Dampfer ☐ Motorboot ☐ Ruderboot ☐ Piratenschiff

3 **Wie werden hart gekochte, bunte Eier auch genannt?**

_____

4 **Welche Beute machte die „schreckliche Hasenbande"?**

☐ Gold   ☐ Obst   ☐ Brot   ☐ Gemüse   ☐ Silber

5 **Wie viele Gemüsesorten kommen im Text vor?** _____

6 **Welches Körperteil fehlt Hops, welches Humpelhase?**

Hops: _____

Humpelhase: _____

7 **Um welche Textart handelt es sich hier?**

☐ Sachtext   ☐ Rezept

☐ Fantasiegeschichte   ☐ Gruselgeschichte

❶ Piraten waren wilde und gefährliche Seeleute. Unter ihnen gab es viele Halunken, die andere Leute bestohlen oder betrogen hatten. Manche waren sogar richtige Mörder, die aus dem Gefängnis ausgebrochen waren.

❷ Piratenbanden waren sehr gefürchtet. Monatelang fuhren sie in ihren Booten über die weiten Meere. Dabei hielten sie den ganzen Tag Ausschau nach reich beladenen Schiffen. Gelang es ihnen, ein Schiff zu überfallen, kam es zu blutigen Kämpfen. Meist wurde ein großer Teil der erbeuteten Schätze auf einsamen Inseln versteckt.

❸ Damit die Piraten diese Verstecke wiederfinden konnten, fertigten sie genaue Schatzkarten an. Manchmal versuchten einzelne Seeräuber, heimlich etwas von den Schätzen zu rauben. Wenn sie dabei von ihren Kameraden erwischt wurden, ging es ihnen an den Kragen.

❹ Oft vergingen Wochen, ohne dass den Piraten ein Überfall gelang. Sie vertrieben sich dann die Zeit mit Kartenspielen. Wenn sie fröhlich waren, sangen sie Piratenlieder und tanzten vergnügt dazu.

① **Zu welchen Absätzen passen diese Aussagen?**
Trage die richtigen Nummern ein.

Piraten …

Achtung! Manche Aussagen sind nicht richtig.

… versteckten ihre Schätze oft
auf einsamen Inseln. _____

… waren oft gefährliche Mörder. _____

… tranken gerne Wein und Bier. _____

… hielten nach reich beladenen Schiffen Ausschau. _____

… zeichneten ihre Verstecke in Landkarten ein. _____

… vertrieben sich die Zeit mit Kartenspielen. _____

② **Wie werden Menschen genannt, die andere bestehlen und betrügen? Unterstreiche das Wort im Text.**

③ **Was machten Piraten oft, wenn sie lustig waren?**

Sie _____ und _____.

④ **Was bedeutete für die Diebe der Ausspruch: „Wenn sie erwischt wurden, ging es ihnen an den Kragen"?**
Kreuze an.

☐ Ihre Hemdkragen mussten zugeknöpft werden.

☐ Die Kameraden lachten sie aus.

☐ Sie wurden verprügelt oder sogar getötet.

Auch kleine Piraten müssen in die Schule gehen.
Ihr Unterricht sieht allerdings etwas anders aus.

**Lies dir den Stundenplan des
Piratenjungen Santander genau durch.**

	Montag	Dienstag	Mittwoch
Vor-mittag	Segel setzen *(an Deck)*	Schiff steuern *(am Steuerrad)*	mit Pistolen schießen *(an Land)*
Nach-mittag	Schatzkarte lesen *(in der Kajüte)*	mit Kanonen schießen *(an der großen Bordkanone)*	Waffen säubern *(an Deck)*
Abend	Segel einholen *(am Hauptmast)*	Segel flicken *(an Deck)*	Nachtsegeln *(an Deck)*

	Donnerstag	Freitag
Vor-mittag	mit Säbeln kämpfen *(an Deck)*	Schatzkarten schreiben *(in der Kajüte)*
Nach-mittag	Flaggen erkennen *(in der Kajüte)*	Säbelkampf *(an Deck)*
Abend		Fischkochkurs *(in der Kombüse)*

1 **Wie heißt der kleine Pirat?**

☐ Santader ☐ Santander

☐ Santandern ☐ Samtander

2 **Was lernt der kleine Pirat am Montagnachmittag?**

_____

3 **Was lernt der kleine Pirat am Dienstagvormittag?**

_____

4 **Mit welcher Waffe übt Santander zweimal die Woche?**

_____

5 **An welchem Abend ist unterrichtsfrei?**

_____

6 **Wo lernt der kleine Pirat, Flaggen zu erkennen?**

_____

7 **Wie nennt man die Schiffsküche?**

_____

Ritter hatten Familienwappen.
Diese befanden sich zum Beispiel
auch auf dem jeweiligen Schild des Ritters.

**Lies die Beschreibungen und schreibe die Nummern
zu den passenden Schilden auf der rechten Seite.**

1 Ritter Franz von Froschbach besitzt einen blauen Schild.
Darauf zu sehen ist ein Turm mit drei Fenstern.
Vor dem Turm sitzt ein quietschgrüner Frosch auf dem Boden.

2 Don Dragos roter Schild hat außen Efeuranken. Unter einem
feuerspeienden Drachen sieht man zwei gekreuzte Degen.

3 Ludwig von Lanzinger hat einen grauen Schild, auf dem vier
Lanzen untereinander in einem braunen Baumstamm stecken.

4 Fritz von Fischbergs Schild ist grün und blau. Darauf zu sehen
sind zwei Fische, die aus einem steinernen Brunnen springen.

5 Der Schild von Max von Mühlbach ist weiß mit schwarz-grau-
gestreiftem Rand. In der Mitte befindet sich ein großes, rotes
Mühlrad.

6 Ferdinand von Fleischhauer ist Besitzer eines roten Schildes,
an dessen unterer Spitze eine Blume ist. Auf dem Schild sind
zwei gekreuzte Beile über einem Teller zu sehen.

Räuber Stolperzunge war nicht besonders
gerne Räuber. Deshalb war er immer aufgeregt,
wenn er andere Leute überfiel und versprach sich
dauernd. Er sagte zum Beispiel: „Gib mir
deine Flasche!" statt „Gib mir deine Tasche!"
oder „Gaul halten!" statt „Maul halten!"
Die Bedrohten sahen ihn dann verwirrt an und
eilten davon. Deshalb gelang es dem armen Räuber
nur selten, jemanden auszurauben.

Einmal hatte er schrecklichen Hunger. Da entdeckte er in einem
Garten eine Pute. Er dachte sich: „Ich klaue dieses Federtier
und brate es mir!" Doch gerade als er die Pute fangen wollte,
erschien der Besitzer.
Anstatt „Gib mir die Pute!" sagte Stolperzunge zu dem Mann:
„Gib mir die Rute!" Schon packte der Herr einige Äste, die wie
eine Rute aussahen. Damit schlug er den Räuber grün und blau.

Bei seiner allerletzten Räubertat versprach er sich auch wieder.
Doch diesmal sollte seine Aufregung ihm Glück bringen.
Auf einem Hügel entdeckte er ein einsames Haus.
In seinen abgelatschten Schuhen stieg er auf den Hügel.
Er wollte ein wenig Geld stehlen, um sich Schuhe zu kaufen.
Als ihm der Hausherr öffnete, bedrohte Stolperzunge ihn und rief:
„Hunde hoch!" anstatt „Hände hoch!" Der Besitzer des Hauses hatte
schreckliche Angst vor Hunden. Und so dachte er, Stolperzunge
würde seine Hunde rufen. Er wusste ja nicht, dass Stolperzunge keine
Hunde hatte. Aus lauter Angst lief der Hausherr davon und wurde
nie mehr gesehen. So gehörte Stolperzunge das Haus.
Er verkaufte es und lebte von dem Geld bis an sein Lebensende.
Nun musste er zum Glück niemanden mehr überfallen!

Hier passen
mehrere Antworten.

1 **Was passierte, wenn Räuber Stolperzunge jemanden überfiel? Kreuze an.**

☐ Er war sehr aufgeregt.

☐ Er wusste nicht, was er sagen sollte.

☐ Er versprach sich dauernd.

☐ Er bekam einen roten Kopf.

2 **Welches dieser Tiere ist eine Pute? Kreise ein.**

3 **Was sagte der Räuber zu dem Mann, als er die Pute stehlen wollte? Unterstreiche im Text grün.**

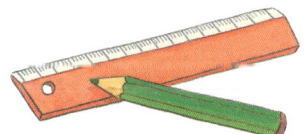

4 **Was bedeutete für den Mann der Ausspruch des Räubers „Gib mir die Rute!"? Kreuze an.**

☐ Dass er ihm eine Rute kaufen soll.

☐ Dass er ihn mit der Rute schlagen soll.

☐ Dass er ihm eine Rute schenken soll.

5 **Warum lief der Besitzer des Hauses davon? Kreise im Text den passenden Abschnitt ein.**

**Viele Redensarten kommen aus der Ritterzeit.
Ordne jedem Spruch die passende Erklärung zu.**

1 gerädert sein **2** einen Zahn zulegen **3** gerüstet sein

4 etwas im Schilde führen **5** jemandem auf die Füße helfen

Töpfe in Burgküchen wurden an Haken über das Feuer gehängt. Sollte der Inhalt heißer werden, hängte man den Topf einen Haken (Zahn) tiefer und somit näher ans Feuer heran. ◯

Es dauerte lang, bis man die Rüstung anhatte, aber dann war man gut vorbereitet auf den Kampf. ◯

Im Mittelalter wurden Menschen zur Strafe auf Eisenräder gebunden und bis zur völligen Erschöpfung gefoltert. ◯

Ritter in schweren Rüstungen konnten ohne Hilfe nicht selbst aufstehen, wenn sie vom Pferd gefallen waren. Es war Aufgabe der Knappen, ihnen beim Aufstehen zu helfen. ◯

Nur Familienmitglieder durften das Wappen auf dem Schild führen. So erkannte man schon von Weitem an dem Wappen, ob sich ein Freund oder Feind näherte. ◯

**Hier ist ein Rezept durcheinandergeraten.
Nummeriere in der richtigen Reihenfolge.**

Probiere das
Rezept aus!

_____ Während die Brotscheiben einweichen,
erhitzt du die Butter in einer Pfanne.

_____ Du brauchst 4 Scheiben Toastbrot, 1 Ei, 1 Tasse Milch,
50 Gramm Butter, Zimt und Zucker.

_____ Bestreue die „Armen Ritter" noch heiß mit Zucker und Zimt
und serviere sie warm.

_____ Lass die Brotscheiben gut in der Eiermilch einweichen.

_____ Verquirle zunächst das Ei mit der Milch.

_____ Brate die Brotscheiben in der Butter goldbraun,
bis sie von beiden Seiten knusprig sind.

_____ Lege nun die eingeweichten Scheiben in das heiße Fett.

Kunibert lebte mit drei Geschwistern und seinen Eltern auf einer großen Burg. Sein größter Wunsch war es, einmal ein tapferer Ritter zu werden.

Endlich war es so weit: Zwei Tage nach seinem siebten Geburtstag brachte ihn sein Vater auf die Burg von Onkel Berthold. Der wollte ihn zu einem ordentlichen Ritter erziehen.
Unter der strengen Aufsicht seiner Tante Gudrun lernte er zunächst alles über gutes Benehmen am Hof und bei Tisch. Er hatte auch Unterricht in Musik und Religion. Nur Lesen und Schreiben musste er nicht lernen.

Der kleine Kunibert war nun ein Page. Das bedeutete, dass er seinen Herren und alle Gäste am Tisch bedienen musste. Kunibert half auch in der Küche, im Stall und in der Waffenschmiede. Am meisten Spaß aber machten ihm die Übungen mit dem Schwert und das Reiten.

Mit 14 Jahren wurde er ein Knappe. Endlich bekam er ein eigenes Schwert und eine Lanze. Er erlernte das Kämpfen und musste die Rüstung und die Waffen von Onkel Berthold pflegen.

An seinem 21. Geburtstag wurde Kunibert zum Ritter geschlagen. Das tat nicht weh. Er bekam drei leichte Schläge mit dem flachen Schwert auf die Schulter.
Als Geschenk erhielt er einen Gürtel mit einem prachtvollen Ritterschwert. Er war glücklich, denn nun durfte er zum ersten Mal an einem großen Turnier teilnehmen.

Lösungen Deutsch-Stars 1/2 Lesetraining – Ritter, Räuber und Piraten

(zum Heraustrennen die mittlere Klammer lösen)

Was gehört zu wem? Die Bilder helfen dir.

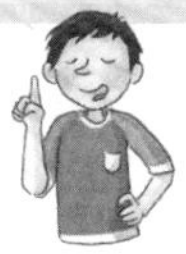

Was gehört zu wem?
Verbinde die Wörter mit dem passenden Bild.

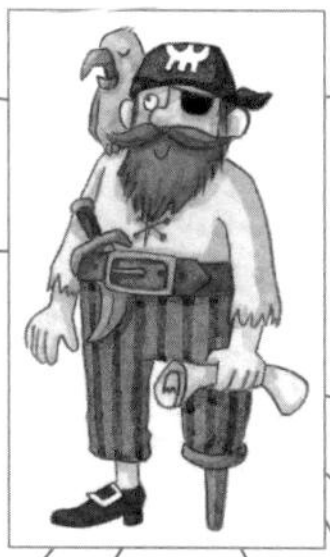

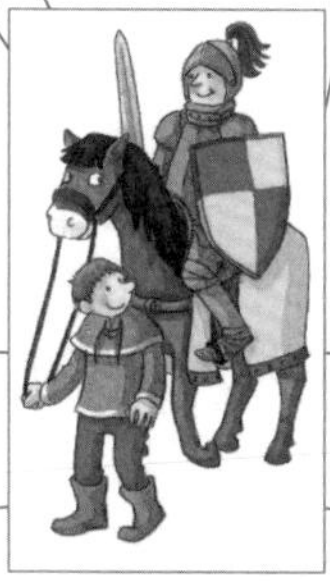

Schiff	Papagei
Steuerrad	Burg
Knappe	Schatzkarte
Pferd	Holzbein
Segel	Kopftuch
Totenkopf	Augenklappe
Helm	Rüstung
Turm	Kettenhemd

Rund um die Piraten

Suche zu den drei Bildern die passenden Sätze. Verbinde.

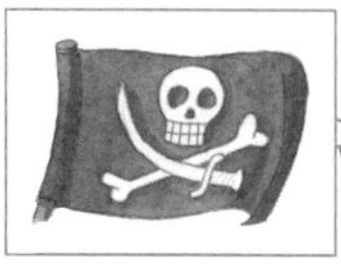

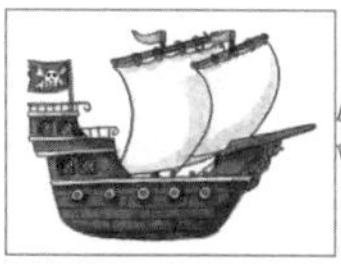

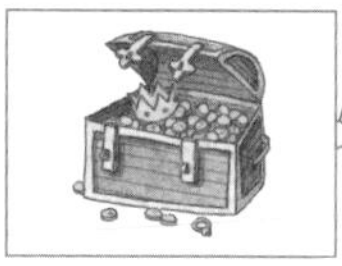

Piraten fahren mit Schiffen.

Auf der Flagge vieler Piraten ist ein Säbel.

Die Piraten haben viel Gold in großen Kisten.

Die Piratenflaggen sind meist schwarz.

Manchmal stehlen Piraten auch goldene Kronen.

Früher waren die Schiffe der Piraten aus Holz.

Sinnvoll oder nicht?

Lies Wortanfang und Wortende zusammen.
Streiche jeweils die beiden Wortenden durch, die nicht passen.

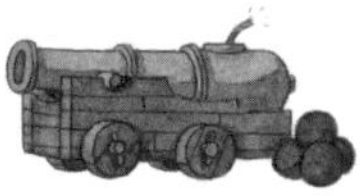

Kanonen-	kugel rohr ~~wasser~~ ~~bart~~
Räuber-	~~turnhalle~~ ~~zacke~~ höhle bande
Piraten-	~~bagger~~ flagge ~~nuss~~ schiff
Ritter-	~~nebel~~ rüstung ~~wolle~~ burg
Schatz-	~~linse~~ karte truhe ~~kanne~~
Burg-	fräulein graben ~~lasso~~ ~~hut~~
See-	räuber ~~mandarine~~ ~~tisch~~ fahrt
Pferde-	~~sonne~~ stall ~~krug~~ kutsche

Was gibt es nicht auf einer Burg? Schau dir das Bild genau an!

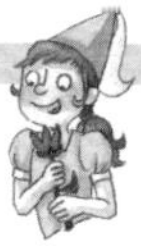

Was gibt es nicht auf dieser Burg?
Streiche falsche Dinge durch.

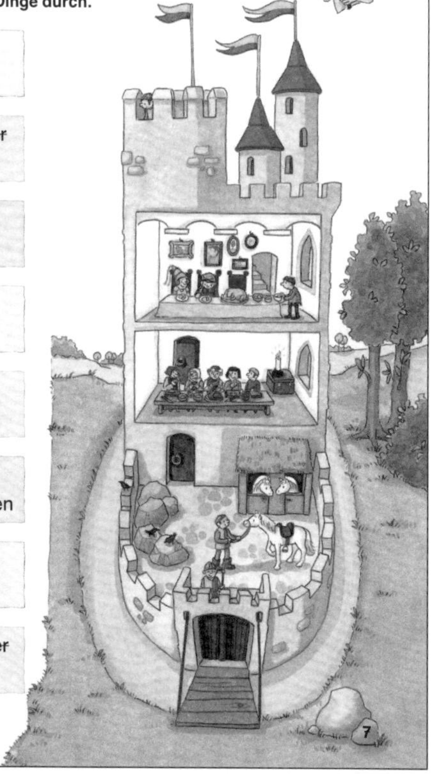

lange Tische
~~Plastikfische~~

~~Straßenschilder~~
schöne Bilder

~~Autobahnen~~
bunte Fahnen

Speiseräume
hohe Bäume

weiße Pferde
~~sieben Zwerge~~

Wassergraben
schwarze Raben

große Steine
~~Führerscheine~~

~~Zeitungsständer~~
rote Bänder

Kreuze die richtige Person an.

Ich kann gut reiten.
Ich habe eine lange Ausbildung.
Ich trage eine Lanze.
Ich kämpfe auf Turnieren.
Ich lebe im Mittelalter.

☐ Räuber
☐ Dieb
☒ Ritter
☐ Pirat

Ich schieße mit Kanonen.
Ich trinke gerne Rum.
Ich raube fremde Schätze.
Ich fahre über die Meere.
Ich trage eine Augenklappe.

☐ Einbrecher
☐ Ritter
☐ Dieb
☒ Pirat

Ich schleiche nachts im Dunkeln.
Ich kenne gute Verstecke.
Ich trage eine Pistole.
Ich knacke alle Schlösser.
Ich mache fette Beute.

☐ Ritter
☐ Pirat
☒ Räuber
☐ Lügner

8

Bullaugen sind runde Fenster im Schiff.

Zeichne unten im Bild die Dinge ein, die du im Text erliest.

Das Boot ist aus braunem Holz.
Es hat fünf Bullaugen.
Ein Anker hängt an der Ankerkette.
Das rechte Segel ist schwarz.
Das linke Segel ist rot.
Über dem roten Segel befindet sich eine Piratenflagge mit Totenkopf und gekreuzten Knochen.
Am Steuerrad steht ein Pirat.
Er hat ein blaues Piratentuch auf dem Kopf.

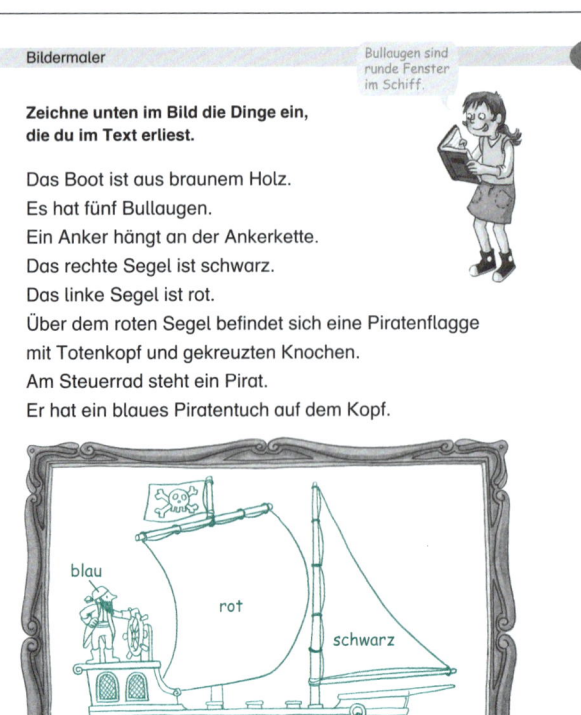

blau
rot
schwarz
braun

9

Ein Schimmel ist ein weißes Pferd.

Kreuze nur die passenden Sätze an.

☒ Der Ritter trägt eine Rüstung.
☒ Auf seinem Kopf sitzt ein Helm.
☐ Er hat einen schwarzen Bart.
☐ Am Helm sind rote Federn.
☒ In der Hand hält er ein Schwert.
☐ Sein Umhang ist blau.
☐ Das Pferd ist ein Schimmel.
☒ Auf dem Pferderücken liegt eine grüne Decke.

☒ Der Pirat trägt ein gestreiftes Hemd.
☒ Er hat einen blauen Hut auf.
☒ Auf seinem Hut ist ein Totenkopf.
☐ In der Hand hat er eine Pistole.
☐ Ein Rabe sitzt auf seiner Schulter.
☒ Der Pirat liebt Schmuck.
☐ Seine Füße stecken in Turnschuhen.
☐ Um den Bauch hat er einen Gürtel.

10

Achte auf die Verben!

Kreuze an, was am besten passt.

	hören	sehen	riechen	schmecken
Die Schatzkarte raschelt.	☒			
Der Ritter hat ein schönes Pferd.		☒		
Die Schwerter klirren gefährlich.	☒			
Der Lagerfeuerrauch kitzelt in der Nase.			☒	
Der Räuber brüllt: „Hände hoch!"	☒			
Der ungewaschene Knappe stinkt.			☒	
Die Kanonenkugel zieht einen Bogen.		☒		
Der Honigwein ist lecker.				☒
Das Burgfräulein duftet nach Parfüm.			☒	
Der Piratenkapitän hat ein Holzbein.		☒		
Die Schatzkiste knarrte beim Öffnen.	☒			
Der Schiffszwieback ist ungenießbar.				☒
In der Südsee geht die Sonne unter.		☒		
Ritter Eds Rüstung quietscht und scheppert.	☒			
Räuber Ratzeputz schnarcht fürchterlich.	☒			
Der eingelegte Fisch ist salzig.				☒

11

Räuber Nimmersatt kriegt nie genug. Leider sind ihm auch Dinge in seinen Sack geraten, die gar nicht wertvoll sind. Streiche sie durch.

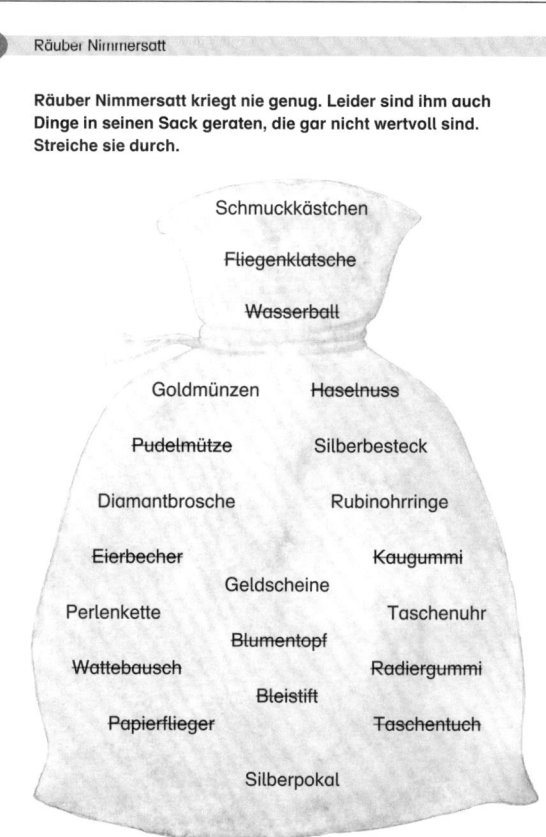

Schmuckkästchen

~~Fliegenklatsche~~

~~Wasserball~~

Goldmünzen ~~Haselnuss~~

~~Pudelmütze~~ Silberbesteck

Diamantbrosche Rubinohrringe

~~Eierbecher~~ ~~Kaugummi~~

Geldscheine

Perlenkette Taschenuhr

~~Blumentopf~~

~~Wattebausch~~ ~~Radiergummi~~

~~Bleistift~~

~~Papierflieger~~ ~~Taschentuch~~

Silberpokal

Ich mag Märchenbücher.

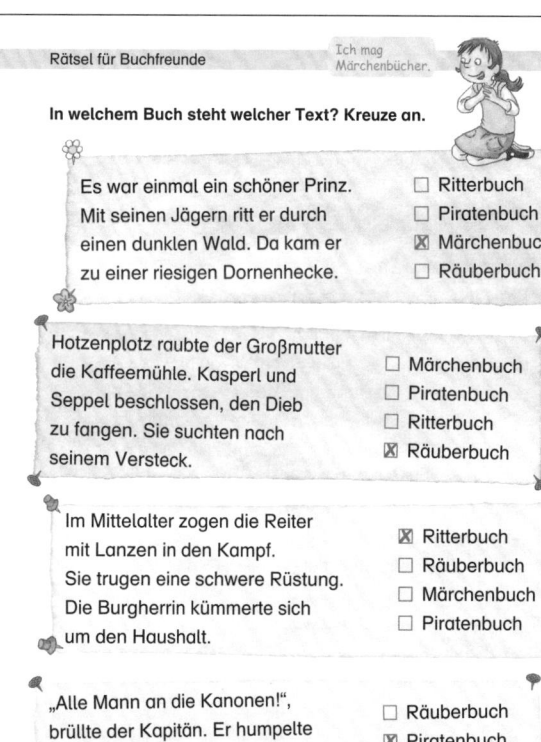

In welchem Buch steht welcher Text? Kreuze an.

Es war einmal ein schöner Prinz. Mit seinen Jägern ritt er durch einen dunklen Wald. Da kam er zu einer riesigen Dornenhecke.

☐ Ritterbuch
☐ Piratenbuch
☒ Märchenbuch
☐ Räuberbuch

Hotzenplotz raubte der Großmutter die Kaffeemühle. Kasperl und Seppel beschlossen, den Dieb zu fangen. Sie suchten nach seinem Versteck.

☐ Märchenbuch
☐ Piratenbuch
☐ Ritterbuch
☒ Räuberbuch

Im Mittelalter zogen die Reiter mit Lanzen in den Kampf. Sie trugen eine schwere Rüstung. Die Burgherrin kümmerte sich um den Haushalt.

☒ Ritterbuch
☐ Räuberbuch
☐ Märchenbuch
☐ Piratenbuch

„Alle Mann an die Kanonen!", brüllte der Kapitän. Er humpelte mit seinem Holzbein über das Deck. Das Schiff schwankte in den Wellen.

☐ Räuberbuch
☒ Piratenbuch
☐ Märchenbuch
☐ Ritterbuch

Achte auf die Körperteile!

Eine Ritterrüstung bestand aus vielen Einzelteilen. Sie wurde von besonders ausgebildeten Schmieden in vielen Stunden mühsamer Arbeit hergestellt. Daher waren sie sehr teuer. So eine Rüstung war aus Eisen und richtig schwer.

Schreibe die Buchstaben vor das passende Wort. Es entsteht ein Lösungswort.

M Helm

I Visier mit Sehschlitzen

T Brustpanzer (Harnisch)

T Bauchreifen

E Achselstücke (an den Schultern)

L Kettenhemd

A Ellenbogenbuckel

L eiserne Handschuhe

T Kniekacheln

E Beinschienen

R Schuhe

Streiche die Sätze durch, die nicht zum Bild passen.

- Zwei Diebe sind vor dem Laden.
- ~~Die Ladentür ist geschlossen.~~
- Ein Räuber trägt einen Rucksack.
- ~~Eine Uhr fällt aus dem Rucksack.~~
- Ein Räuber hat zwei Tüten in der Hand.
- ~~Auf dem Kopf hat er eine blaue Mütze.~~
- Ein Räuber trägt eine Brille.
- Die Räuber brechen nachts ein.
- ~~Es kommen zwei Polizeiautos.~~
- ~~Auf dem Boden liegen Scherben.~~
- Einer der beiden Räuber ist eine Frau.

An meinen alten Piratenfreund Holzfuß!

Ich habe dir meinen Piratenschatz hinterlassen.
Du findest ihn, wenn du die Schatzkarte genau
anschaust.
Bei der Höhle beginnt dein Weg. Von dort aus gehst du
bis zu den drei Tannenbäumen. Jetzt wanderst du
möglichst gerade zum Geisterberg. Von hier aus läufst
du weiter zur alten Burgruine. Überquere den kleinen
Fluss. So kommst du direkt zur Totenkopfgrube.
Zeichne den Weg auf der Schatzkarte ein, die ich dir
mitgeschickt habe.
Welcher Buchstabe entsteht dabei?
Schreibe ihn hier auf: ___Z___
Findest du diesen Buchstaben auf der Karte?
Kreise ihn rot ein.
Dort ist der alte Piratenschatz.
Herzlichen Glückwunsch! Werde glücklich mit dem
Schatz.

Dein Freund Schlitzohr

Führe alles aus, was Holzfuß tun soll.

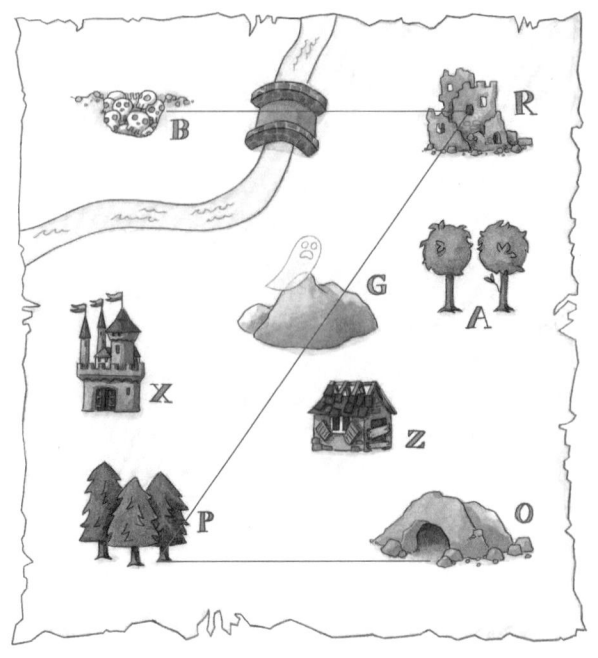

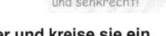

Suche waagerecht
und senkrecht!

Suche die folgenden 14 Wörter und kreise sie ein.

Kapitän	Rum	Holzbein	Mast	Totenkopf
Segel	Flaggen	Enterhaken	Augenklappe	
Anker	Pirat	Kanone	Schatzkarte	Ohrring

K	L	A	T	O	B	U	A	L	B	E	S	T	C
G	I	R	L	Ö	M	N	U	W	L	S	C	H	E
P	A	R	T	F	O	L	G	E	R	C	H	T	I
O	P	H	O	L	Z	B	E	I	N	B	A	J	L
S	P	I	T	A	F	O	N	A	K	A	T	O	P
T	O	L	E	G	E	P	K	E	R	I	Z	U	N
K	Ü	E	N	G	N	X	L	Y	A	N	K	E	R
I	K	I	K	E	T	J	A	H	P	F	A	X	F
K	A	N	O	N	E	B	P	N	N	R	R	U	M
O	P	E	P	E	R	A	P	I	R	A	T	G	A
P	I	M	F	I	H	S	E	G	E	L	E	I	H
A	T	E	R	M	A	S	T	P	O	M	Ö	T	A
B	Ä	T	E	L	K	I	S	E	T	Z	W	I	D
H	N	E	I	M	E	L	V	Ä	I	G	O	L	Ü
O	H	R	R	I	N	G	L	A	F	E	T	W	O

Markiere im unteren Witz die 10 Unterschiede.

Ein ganz alter Pirat, der nicht mehr auf See fahren konnte,
saß in Lumpen gekleidet unter einer Brücke. Es ging ihm nicht
wirklich gut. Plötzlich hörte er neben sich ein Rascheln.
Da stand ein Klabautermann neben ihm. Der Mann rieb sich
die Augen und glaubte nicht, was er sah.
Der Klabautermann sprach zu dem Alten mit dem Holzbein:
„Du bist ein ruhmreicher und ehrenvoller Pirat.
Deshalb hast du bei mir drei Wünsche frei."
Da entgegnete der Alte: „Ich habe nur einen Wunsch.
Ich hätte gerne ein warmes Plätzchen!" Und ehe er sich's
versah, hielt er einen dampfenden Keks in der Hand.

Ein Klabautermann ist ein Schiffsgeist.
Er warnt den Kapitän bei Gefahren und
treibt gern Schabernack.

Ein ganz alter Pirat, der nicht mehr auf See fahren konnte,
lag in Lumpen gekleidet unter der Brücke. Es ging ihm nicht
besonders gut. Plötzlich hörte er neben sich ein Rumpeln
Da stand ein Klabautermann neben ihm. Der Alte rieb sich
die Augen und glaubte nicht, was er sah.
Der Klabautermann sprach zu dem Mann mit dem Holzbein:
„Du bist ein ruhmreicher und ehrlicher Pirat.
Deshalb hast du bei mir zwei Wünsche frei."
Da entgegnete der Alte: „Ich habe bloß einen Wunsch.
Ich hätte gerne ein warmes Plätzchen!" Und ehe er sich's
versah, hielt er einen dampfenden Keks auf der Hand.

Langsam glitt das Piratenschiff der „schrecklichen Hasenbande" über das Meer. Die Hasen-Seeräuber lagen faul in der Morgensonne. Plötzlich schrie der einäugige Hops: „Beuteschiff in Sicht! Alle Mann auf ihre Posten!" Er war auf die höchste Mastspitze geklettert und hatte einen Dampfer entdeckt.

Hastig schleppten die jungen Piratenhasen jede Menge Körbe an Deck. Darin befanden sich hart gekochte Eier in vielen Farben. Schnell wurden die Eierkanonen in Position gebracht. Käpt'n Schlappohr gab den Befehl zum Angriff: „Feuer!" Die Ostereier sausten auf das feindliche Schiff.

Doch was war das? Auf einmal flogen den Piraten Karotten, Kohlköpfe, Gurken und Tomaten um die Ohren. Die Gegner schossen zurück. „Autsch!" Humpelhase war mit seinem Holzbein auf einer zermatschten Tomate ausgerutscht.

Schlappohr wischte sich ein Gurkenstück aus dem Auge. „Feuer einstellen!", schrie er. „Sammelt die brauchbaren Schatzstücke ein! Das genügt für die nächsten Wochen!" Alle freuten sich. Sie hatten fette Beute gemacht!

20

---

1 Zu welcher Tageszeit waren die Piraten unterwegs?

☐ abends ☐ nachts ☒ morgens ☐ mittags

2 Auf welcher Art von Schiff fuhr die „schreckliche Hasenbande"?

☐ Dampfer ☐ Motorboot ☐ Ruderboot ☒ Piratenschiff

3 Wie werden hart gekochte, bunte Eier auch genannt?

_____Ostereier_____ ⭐

4 Welche Beute machte die „schreckliche Hasenbande"?

☐ Gold ☐ Obst ☐ Brot ☒ Gemüse ☐ Silber

5 Wie viele Gemüsesorten kommen im Text vor? __4__

6 Welches Körperteil fehlt Hops, welches Humpelhase?

Hops: _____ein Auge_____

Humpelhase: _____ein Bein_____

7 Um welche Textart handelt es sich hier?

☐ Sachtext ☐ Rezept

☒ Fantasiegeschichte ☐ Gruselgeschichte

21

Piraten waren wilde und gefährliche Seeleute. Unter ihnen gab es viele <u>Halunken</u>, die andere Leute bestohlen oder betrogen hatten. Manche waren sogar richtige Mörder, die aus dem Gefängnis ausgebrochen waren.

Piratenbanden waren sehr gefürchtet. Monatelang fuhren sie in ihren Booten über die weiten Meere. Dabei hielten sie den ganzen Tag Ausschau nach reich beladenen Schiffen. Gelang es ihnen, ein Schiff zu überfallen, kam es zu blutigen Kämpfen. Meist wurde ein großer Teil der erbeuteten Schätze auf einsamen Inseln versteckt.

Damit die Piraten diese Verstecke wiederfinden konnten, fertigten sie genaue Schatzkarten an. Manchmal versuchten einzelne Seeräuber, heimlich etwas von den Schätzen zu rauben. Wenn sie dabei von ihren Kameraden erwischt wurden, ging es ihnen an den Kragen.

Oft vergingen Wochen, ohne dass den Piraten ein Überfall gelang. Sie vertrieben sich dann die Zeit mit Kartenspielen. Wenn sie fröhlich waren, sangen sie Piratenlieder und tanzten vergnügt dazu.

22

---

1 Zu welchen Absätzen passen diese Aussagen? Trage die richtigen Nummern ein.

Achtung! Manche Aussagen sind nicht richtig.

Piraten …

… versteckten ihre Schätze oft auf einsamen Inseln. __2__

… waren oft gefährliche Mörder. __1__

… tranken gerne Wein und Bier. __/__

… hielten nach reich beladenen Schiffen Ausschau. __2__

… zeichneten ihre Verstecke in Landkarten ein. __/__

… vertrieben sich die Zeit mit Kartenspielen. __4__

2 Wie werden Menschen genannt, die andere bestehlen und betrügen? Unterstreiche das Wort im Text.

3 Was machten Piraten oft, wenn sie lustig waren?

Sie ___sangen___ und ___tanzten___ .

4 Was bedeutete für die Diebe der Ausspruch: „Wenn sie erwischt wurden, ging es ihnen an den Kragen"? Kreuze an.

☐ Ihre Hemdkragen mussten zugeknöpft werden.

☐ Die Kameraden lachten sie aus.

☒ Sie wurden verprügelt oder sogar getötet. ⭐

23

Auch kleine Piraten müssen in die Schule gehen.
Ihr Unterricht sieht allerdings etwas anders aus.

**Lies dir den Stundenplan des
Piratenjungen Santander genau durch.**

	Montag	Dienstag	Mittwoch
Vor-mittag	Segel setzen (an Deck)	Schiff steuern (am Steuerrad)	mit Pistolen schießen (an Land)
Nach-mittag	Schatzkarte lesen (in der Kajüte)	mit Kanonen schießen (an der großen Bordkanone)	Waffen säubern (an Deck)
Abend	Segel einholen (am Hauptmast)	Segel flicken (an Deck)	Nachtsegeln (an Deck)

	Donnerstag	Freitag
Vor-mittag	mit Säbeln kämpfen (an Deck)	Schatzkarten schreiben (in der Kajüte)
Nach-mittag	Flaggen erkennen (in der Kajüte)	Säbelkampf (an Deck)
Abend		Fischkochkurs (in der Kombüse)

24

① **Wie heißt der kleine Pirat?**

☐ Santader ☒ Santander

☐ Santandern ☐ Samtander

② **Was lernt der kleine Pirat am Montagnachmittag?**

Schatzkarte lesen

③ **Was lernt der kleine Pirat am Dienstagvormittag?**

Schiff steuern

④ **Mit welcher Waffe übt Santander zweimal die Woche?**

mit dem Säbel

⑤ **An welchem Abend ist unterrichtsfrei?**

Donnerstag

⑥ **Wo lernt der kleine Pirat, Flaggen zu erkennen?**

in der Kajüte

⑦ **Wie nennt man die Schiffsküche?**

Kombüse

25

Ritter hatten Familienwappen.
Diese befanden sich zum Beispiel
auch auf dem jeweiligen Schild des Ritters.

**Lies die Beschreibungen und schreibe die Nummern
zu den passenden Schilden auf der rechten Seite.**

❶ Ritter Franz von Froschbach besitzt einen blauen Schild.
Darauf zu sehen ist ein Turm mit drei Fenstern.
Vor dem Turm sitzt ein quietschgrüner Frosch auf dem Boden.

❷ Don Dragos roter Schild hat außen Efeuranken. Unter einem
feuerspeienden Drachen sieht man zwei gekreuzte Degen.

❸ Ludwig von Lanzinger hat einen grauen Schild, auf dem vier
Lanzen untereinander in einem braunen Baumstamm stecken.

❹ Fritz von Fischbergs Schild ist grün und blau. Darauf zu sehen
sind zwei Fische, die aus einem steinernen Brunnen springen.

❺ Der Schild von Max von Mühlbach ist weiß mit schwarz-grau-
gestreiftem Rand. In der Mitte befindet sich ein großes, rotes
Mühlrad.

❻ Ferdinand von Fleischhauer ist Besitzer eines roten Schildes,
an dessen unterer Spitze eine Blume ist. Auf dem Schild sind
zwei gekreuzte Beile über einem Teller zu sehen.

26

27

Räuber Stolperzunge war nicht besonders gerne Räuber. Deshalb war er immer aufgeregt, wenn er andere Leute überfiel und versprach sich dauernd. Er sagte zum Beispiel: „Gib mir deine Flasche!" statt „Gib mir deine Tasche!" oder „Gaul halten!" statt „Maul halten!" Die Bedrohten sahen ihn dann verwirrt an und eilten davon. Deshalb gelang es dem armen Räuber nur selten, jemanden auszurauben.

Einmal hatte er schrecklichen Hunger. Da entdeckte er in einem Garten eine Pute. Er dachte sich: „Ich klaue dieses Federtier und brate es mir!" Doch gerade als er die Pute fangen wollte, erschien der Besitzer.
Anstatt „Gib mir die Pute!" sagte Stolperzunge zu dem Mann: „Gib mir die Rute!" Schon packte der Herr einige Äste, die wie eine Rute aussahen. Damit schlug er den Räuber grün und blau.

Bei seiner allerletzten Räubertat versprach er sich auch wieder. Doch diesmal sollte seine Aufregung ihm Glück bringen. Auf einem Hügel entdeckte er ein einsames Haus. In seinen abgelatschten Schuhen stieg er auf den Hügel. Er wollte ein wenig Geld stehlen, um sich Schuhe zu kaufen.

Als ihm der Hausherr öffnete, bedrohte Stolperzunge ihn und rief: „Hunde hoch!" anstatt „Hände hoch!" Der Besitzer des Hauses hatte schreckliche Angst vor Hunden. Und so dachte er, Stolperzunge würde seine Hunde rufen. Er wusste ja nicht, dass Stolperzunge keine Hunde hatte. Aus lauter Angst lief der Hausherr davon und wurde nie mehr gesehen. So gehörte Stolperzunge das Haus.
Er verkaufte es und lebte von dem Geld bis an sein Lebensende. Nun musste er zum Glück niemanden mehr überfallen!

28

1 Was passierte, wenn Räuber Stolperzunge jemanden überfiel? Kreuze an.

☒ Er war sehr aufgeregt.

☐ Er wusste nicht, was er sagen sollte.

☒ Er versprach sich dauernd.

☐ Er bekam einen roten Kopf.

2 Welches dieser Tiere ist eine Pute? Kreise ein.

3 Was sagte der Räuber zu dem Mann, als er die Pute stehlen wollte? Unterstreiche im Text grün.

4 Was bedeutete für den Mann der Ausspruch des Räubers „Gib mir die Rute!"? Kreuze an.

☐ Dass er ihm eine Rute kaufen soll.

☒ Dass er ihn mit der Rute schlagen soll.

☐ Dass er ihm eine Rute schenken soll.

5 Warum lief der Besitzer des Hauses davon? Kreise im Text den passenden Abschnitt ein.

29

Viele Redensarten kommen aus der Ritterzeit. Ordne jedem Spruch die passende Erklärung zu.

❶ gerädert sein   ❷ einen Zahn zulegen   ❸ gerüstet sein

❹ etwas im Schilde führen   ❺ jemandem auf die Füße helfen

Töpfe in Burgküchen wurden an Haken über das Feuer gehängt. Sollte der Inhalt heißer werden, hängte man den Topf einen Haken (Zahn) tiefer und somit näher ans Feuer heran. ②

Es dauerte lang, bis man die Rüstung anhatte, aber dann war man gut vorbereitet auf den Kampf. ③

Im Mittelalter wurden Menschen zur Strafe auf Eisenräder gebunden und bis zur völligen Erschöpfung gefoltert. ①

Ritter in schweren Rüstungen konnten ohne Hilfe nicht selbst aufstehen, wenn sie vom Pferd gefallen waren. Es war Aufgabe der Knappen, ihnen beim Aufstehen zu helfen. ⑤

Nur Familienmitglieder durften das Wappen auf dem Schild führen. So erkannte man schon von Weitem an dem Wappen, ob sich ein Freund oder Feind näherte. ④

30

Probiere das Rezept aus!

Hier ist ein Rezept durcheinandergeraten. Nummeriere in der richtigen Reihenfolge.

_4_ Während die Brotscheiben einweichen, erhitzt du die Butter in einer Pfanne.

_1_ Du brauchst 4 Scheiben Toastbrot, 1 Ei, 1 Tasse Milch, 50 Gramm Butter, Zimt und Zucker.

_7_ Bestreue die „Armen Ritter" noch heiß mit Zucker und Zimt und serviere sie warm.

_3_ Lass die Brotscheiben gut in der Eiermilch einweichen.

_2_ Verquirle zunächst das Ei mit der Milch.

_6_ Brate die Brotscheiben in der Butter goldbraun, bis sie von beiden Seiten knusprig sind.

_5_ Lege nun die eingeweichten Scheiben in das heiße Fett.

31

Ritter Kunibert

Kunibert lebte mit drei Geschwistern und seinen Eltern auf einer großen Burg. Sein größter Wunsch war es, einmal ein tapferer Ritter zu werden.

Endlich war es so weit: Zwei Tage nach seinem siebten Geburtstag brachte ihn sein Vater auf die Burg von Onkel Berthold. Der wollte ihn zu einem ordentlichen Ritter erziehen.
Unter der strengen Aufsicht seiner Tante Gudrun lernte er zunächst alles über gutes Benehmen am Hof und bei Tisch. Er hatte auch Unterricht in Musik und Religion. Nur Lesen und Schreiben musste er nicht lernen.

Der kleine Kunibert war nun ein Page. Das bedeutete, dass er seinen Herren und alle Gäste am Tisch bedienen musste. Kunibert half auch in der Küche, im Stall und in der Waffenschmiede. Am meisten Spaß aber machten ihm die Übungen mit dem Schwert und das Reiten.

Mit 14 Jahren wurde er ein Knappe. Endlich bekam er ein eigenes Schwert und eine Lanze. Er erlernte das Kämpfen und musste die Rüstung und die Waffen von Onkel Berthold pflegen.

An seinem 21. Geburtstag wurde Kunibert zum Ritter geschlagen. Das tat nicht weh. Er bekam drei leichte Schläge mit dem flachen Schwert auf die Schulter. Als Geschenk erhielt er einen Gürtel mit einem prachtvollen Ritterschwert. Er war glücklich, denn nun durfte er zum ersten Mal an einem großen Turnier teilnehmen.

32

---

1 **In welchen Fächern wurde Kunibert zunächst unterrichtet?**

Er bekam Unterricht in …

☐ Schreiben ☒ Religion ☒ gutem Benehmen

☒ Musik ☐ Lesen

Das Wort „Page" kommt aus dem Französischen und wird „Paasche" ausgesprochen.

2 **Was bedeutete es „Page" zu sein? Unterstreiche im Text.**

3 **Ordne die Ausbildung von Kunibert in der richtigen Reihenfolge.**

2 Er diente als Page. 1 Er lernte gutes Benehmen.

4 Er wurde zum Ritter geschlagen. 3 Er wurde zum Knappen ernannt.

4 **Was gehört zusammen? Male jeweils in der gleichen Farbe an.**

| Page | ab 21 Jahre | an Turnieren teilnehmen |

| 14–21 Jahre | Kämpfen erlernen | Ritter |

| Gäste betreuen | Knappe | 7–14 Jahre |

5 **Wie viele Jahre dauerte die Ausbildung zum Ritter?**

☐ 7 Jahre ☒ 14 Jahre ☐ 21 Jahre ☐ 28 Jahre ☆

33

Logisch? Logisch!

Drei Piraten treffen sich. Wer ist wer? Und auf welchem Schiff fahren sie? Was haben sie erbeutet?
Lies zuerst alle Sätze genau. Trage dann die Informationen ein. Streiche verwendete Sätze durch.

Name	Stoppelbart	Einauge	Holzbein
Schiff	Amanda	Albatros	Aquarius
Beute	Goldtaler	Schmucktruhe	Edelsteine

- Rechts steht der humpelnde Pirat Holzbein.
- Der Seeräuber Stoppelbart hat Goldtaler in seinen Besitz gebracht.
- Der Pirat, der Edelsteine erbeutet hat, schippert auf der Aquarius.
- Einauge hat oben in der Tabelle zwei Nachbarn.
- Dem Piraten in der Mitte gehört die Schmucktruhe.
- Das Schiff des Einäugigen heißt Albatros.
- Ein Pirat hat mit seiner Bande Edelsteine geraubt.
- Ein Pirat segelt auf dem Schiff namens Amanda.

Achtung! Du kannst nicht der Reihe nach arbeiten!

34

Lieblingsbücher

Die Schüler der Klasse 2b sprechen über Bücher. Ihre Lehrerin möchte wissen, welche Bücher die Kinder am liebsten lesen.
An der Tafel entsteht folgendes Diagramm.

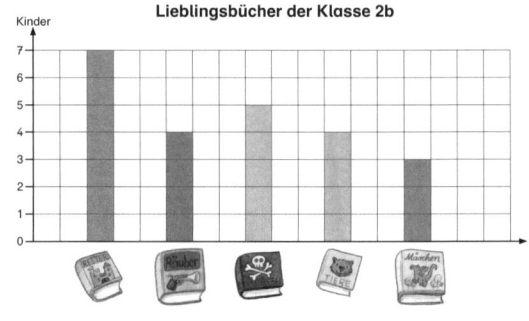

Lieblingsbücher der Klasse 2b

1 **Beantworte die Fragen zum Schaubild.**

Wie viele Kinder mögen Piratenbücher? 5 Kinder

Wie viele Kinder mögen Räubergeschichten? 4 Kinder

Wie viele Kinder lesen gerne Ritterbücher? 7 Kinder

Wie viele Kinder bevorzugen Märchen? 3 Kinder

Welche Bücher sind am beliebtesten? Ritterbücher

Welche Bücher sind am wenigsten beliebt? Märchenbücher

Welche Bücher sind gleichermaßen beliebt?

Bücher über Tiere und Bücher über Räuber

2 **Wie viele Kinder sind in der Klasse 2b?** 23 Kinder ☆

35

Die Burgherrin Kunigunde lebte im Mittelalter. Schon mit 14 Jahren wurde sie von ihren Eltern mit einem Burgherren verheiratet. Damals durfte sich ein Mädchen ihren Ehemann noch nicht selbst aussuchen.

Kunigunde musste sich in der Burg um den Haushalt kümmern. Sie passte auf, dass die vielen Mägde die schwere Hausarbeit ordentlich erledigten. Das Wasser musste in Eimern vom Brunnen geholt werden. Die Wäsche wurde in großen Wannen gewaschen. Und täglich musste für alle Burgbewohner über offenem Feuer gekocht werden.

Auf der Burg lebten auch einige Hofdamen. Sie waren für Kunigunde wie Freundinnen. Damals konnten die Frauen meist nicht lesen und schreiben. Deshalb saßen sie oft beisammen und vertrieben sich die Zeit mit Sticken, Nähen und Geschichtenerzählen.

Eine Zofe kümmerte sich um das Wohlergehen von Kunigunde. Sie half ihr beim Ankleiden und Auskleiden der prächtigen Gewänder und ordnete ihre kunstvolle Frisur.

Großen Spaß bereitete Kunigunde das Ausreiten hoch zu Ross. Manchmal durfte sie mit ihren Hofdamen an der Jagd teilnehmen. Wegen der langen, edlen Kleider ritten die Damen im Damensitz auf einem besonderen Damensattel. Das erforderte schon viel Geschick!

36

---

1 **Zu welcher Zeit lebte Kunigunde?** im Mittelalter

2 **Welche Personen werden im Text genannt?**

☒ Burgherrin ☒ Burgherr ☒ Zofe ☒ Hofdame
☐ Stallknecht ☐ Hofnarr ☒ Mägde ☐ Dienstbote

3 **Wie steht es im Text? Verbinde.**

kunstvolle — Feuer
offenes — Gewänder
große — Frisuren
prächtige — Hausarbeit
schwere — Wannen

4 **Wie vertrieben sich die Hofdamen die Zeit? Unterstreiche im Text.**

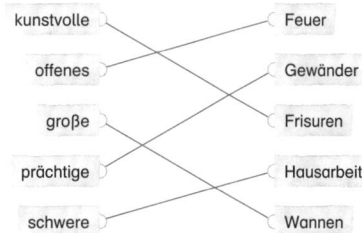
Ich brauche keinen Damensattel.

5 **Warum konnten die Damen im Mittelalter nur auf einem besonderen Sattel reiten?**

Wegen ihrer …

☐ langen Jacken ☐ langen Haare
☒ langen Kleider ☐ langen Hosen

37

Hechthausen, den 1. Mai 2013

Liebe Oma,

vielen Dank für die tollen Fußballschuhe. Beim letzten Training habe ich sie schon angehabt, sie sind echt klasse!
An meinem Geburtstag habe ich eine Piratenparty gemacht. Ich habe fünf Jungen und vier Mädchen eingeladen. Als Einladung hat jeder eine Flaschenpost bekommen. Dazu habe ich etwas Sand in kleine Plastikflaschen gefüllt, die Einladungen hineingesteckt und zugeschraubt. Endlich kam mein großer Tag! Alle waren ganz aufgeregt. Zur Begrüßung wickelte Papa jedem ein Piratentuch um den Kopf. Dazu gab es noch Augenklappen. Wir sahen ganz schön wild aus!
Zuerst haben wir Tauziehen gespielt. Die Mannschaft mit den meisten Jungen hat natürlich gewonnen! Danach mussten wir mit verbundenen Augen über ein schmales Brett balancieren. Nur ich habe es geschafft, ohne abzusteigen ans Ziel zu kommen. Als Nächstes sind wir auf einem Bein um die Wette gehüpft. Die Mädchen haben das am längsten durchgehalten – wie peinlich für uns Jungs!
Das Beste aber war das Geburtstagsessen. Es gab Pommes und Fischstäbchen. Wir durften wie die Piraten mit den Fingern essen. Vom vielen Ketchup hatten wir zum Schluss ganz blutrote Finger. Genau wie echte Piraten!

Es grüßt dich ganz herzlich dein Alex

38

---

1 **Was für eine Art von Party feierte Alex?** eine Piratenparty

2 **Welchen Sport macht Alex?** Fußball

3 **Welche besondere Art der Einladung hatte sich Alex ausgedacht? Unterstreiche das Wort im Text.**

4 **Welches Wettspiel haben die Mädchen gewonnen?**

☐ Wettessen ☐ Wettrennen ☒ Wetthüpfen ☐ Wettlaufen

5 **Nummeriere den Ablauf der Piratenparty in der richtigen Reihenfolge.**

5 Wetthüpfen gemacht
1 Piratentuch umgewickelt
6 Fischstäbchen und Pommes gegessen
4 auf einem Brett balanciert
2 Augenklappe aufgesetzt
3 Tauziehen gemacht

6 **Wie aßen die Piraten?**

☐ mit dem Säbel ☐ mit Messer und Gabel
☒ mit den Fingern ☐ mit den Füßen

7 **Wie viele Kinder befanden sich insgesamt auf der Geburtstagsfeier?**

☐ 8 Kinder ☐ 9 Kinder ☒ 10 Kinder ☐ 11 Kinder

39

In vielen Geschichten werden Räuber als Menschen beschrieben, die gefährlich sind und merkwürdige Dinge tun. Sie fluchen und schimpfen, rülpsen und spucken auf den Boden. Räuber sind aber auch stark, mutig und abenteuerlustig. Womöglich hast du schon mal etwas über Ronja Räubertochter oder Räuber Hotzenplotz gelesen? Räuber in diesen Büchern tragen oft alte, zerrissene Kleidung und haben Pistolen dabei. Sie wohnen in Höhlen oder Burgen tief im Wald und stehlen alles, was sie auf ihren Raubzügen finden können.

Aber die merkwürdigsten Räuber trifft man ganz woanders. Sie fluchen fast nie und schimpfen ganz wenig. Sie rülpsen äußerst selten und auf den Boden spucken – das machen sie nie!

Sie sehen ganz unterschiedlich aus und haben alles Mögliche an. Diese Räuber brechen am Tag und in der Nacht ein. Dann stehlen sie Schokoeier aus Osternestern, Torten aus Kühlschränken und Plätzchen aus Dosen, selbst wenn diese ganz oben im Regal stehen.

Dabei brechen sie keine Türen auf und machen keine Fenster kaputt. Sie werfen auch nichts herunter: keine Teller, Tassen oder Vasen und überhaupt gar nichts.
Brav verschließen sie wieder alles, was sie geöffnet haben.
So merkt man auf den ersten Blick nicht, dass ein Räuber da war.
Das ist besonders gemein, denn so kommt man manchmal erst nach Tagen oder Wochen den Räubern auf die Schliche.
Und dann verflucht man diese Diebe, die oft Mama oder Papa oder Bruder oder Schwester heißen. Oh, diese verflixten Räuber!

Manieren bedeutet Benehmen.

① Welche schlechten Manieren haben Räuber in Geschichten? Unterstreiche im Text grün.

② Welche Eigenschaften haben Räuber in Geschichten? Kreuze an.

- ☒ mutig
- ☐ freundlich
- ☒ stark
- ☐ ehrlich
- ☒ gefährlich
- ☐ langweilig

③ Was stehlen die schlimmsten aller Räuber? Unterstreiche im Text blau.

④ Wie könnte man die schlimmsten aller Räuber nennen? Kreuze an. Es gibt mehr als eine Lösung.

- ☐ böse Juwelendiebe
- ☐ gemeine Einbrecher
- ☒ hungrige Süßigkeitenräuber
- ☒ diebische Naschkatzen

⑤ Warum haben die schlimmsten aller Räuber so seltsame Namen? Kreuze an.

- ☐ Weil man diesen Dieben ganz besondere Namen gibt.
- ☒ Weil es meist Familienmitglieder sind, die Süßes stehlen.
- ☐ Weil man damit ausdrücken will, wie schlimm sie sind.
- ☐ Weil sie so von ihren Eltern getauft wurden.

Trixi wohnte ganz alleine mitten im dunklen Wald. Einmal fragte ihre Tante Ludmilla sie: „Hast du keine Angst? Was machst du, wenn Räuber kommen?"
Trixi grinste: „Ach Tantchen, ich habe gute Beschützer!"

Eines Tages schlichen tatsächlich Torre und Raubart, zwei gefürchtete Räuber, um das Haus. Trixi holte gerade einen duftenden Kuchen aus ihrem Ofen, als die finsteren Gesellen die Haustür aufbrachen.
„Was wollt ihr?", fragte Trixi verwundert und stellte den Kuchen auf den Tisch. Die Räuber schnauzten sie an: „Her mit deinem Geld und dem Schmuck! Den Kuchen nehmen wir auch gleich mit!"
„Also hört mal!", empörte sich Trixi. „Ein bisschen freundlicher könntet ihr schon sein. So gibt's keinen Kuchen!" Soeben wollte Raubart zu dem Kuchen gehen, da pfiff Trixi. Es flatterte eine Eule durch die offene Tür ins Haus und schnappte sich Raubarts Hut. Der fluchte: „Gib sofort meinen Hut her!" Aber die Eule legte den Hut auf ein sehr hohes Regal und setzte sich dann auf Raubarts Kopf. Dort hinterließ sie einen großen, weißen Fleck.
„Igitt!", schimpfe Raubart. Torre hob drohend sein Gewehr.
Doch nun trabte ein Hirsch zur Tür herein und schubste Torre mit dem Geweih.
Torre stolperte, ein Schuss löste sich und traf den Kuchen.
„Jetzt reicht es aber wirklich!", schimpfte Trixi.
Sie klatschte in die Hände. Ein Pferd schritt in ihr Haus, drehte sich um und beförderte die Räuber mit zwei gewaltigen Tritten aus dem Haus. Trixi schloss die Tür und sagte lächelnd: „Danke, meine Beschützer!"

Trixi schreibt ihrer Tante einen Brief. Darin vergisst sie ein paar Wörter. Setze die fehlenden Wörter ein.

Liebe Tante ___Ludmilla___ !

Stell dir vor, gestern waren zwei ___Räuber___ bei mir.
Ich habe gerade einen ___Kuchen___ aus dem Ofen geholt,
als sie die ___Haustür___ aufbrachen. Sie wollten
mein ___Geld___ , meinen ___Schmuck___ und
den leckeren ___Kuchen___ stehlen.
Doch da kam meine Freundin die ___Eule___ angeflogen.
Sie hat einem der Räuber den ___Hut___ weggeschnappt.
Danach hat sie sich auf seinen ___Kopf___ gesetzt und
darauf etwas hinterlassen, das nicht besonders gut roch!
Anschließend trabte mein Freund der ___Hirsch___ herein und
schubste einen der Räuber mit seinem ___Geweih___ . Leider
hat dieser Kerl dabei auf meinen ___Kuchen___ geschossen.
Da bin ich aber wirklich sauer geworden! Mein wundervolles
___Pferd___ kam daraufhin ins Haus und hat die beiden
Burschen mit zwei ___Tritten___ ins Freie befördert.
Auf meine Freunde ist Verlass!

Herzliche Grüße!
Deine ___Trixi___

Irgendwann hatten auch die dümmsten und letzten Piraten begriffen, dass Obst viele Vitamine hat und wertvolle Energie liefert.
Käpt'n Ole Skorbutnix nahm deshalb bei jedem Landgang kistenweise und körbeweise Früchte mit. Nachdem wieder einmal fast alle Obstvorräte erschöpft waren, kauften die Piraten der „Tutti Frutti" brav von ihrem geklauten Geld neue Vorräte ein.
Zuerst hievten sie fünf Säcke Äpfel an Bord. Diese gesellten sich zu den zwei Säcken, die noch an Bord waren. Sieben Kisten Bananen wurden ebenfalls verstaut. Drei Körbe Ananas wanderten auch unter Deck. Smutje Sven hatte darüber hinaus sechs Kisten Mangos zu einem Spottpreis ergattern können. Vier Schachteln Birnen fanden auch ein Plätzchen auf dem Schiff.
Zum Schluss schafften die kräftigsten Piraten noch neun Säcke mit Orangen aufs Schiff. Dabei landeten allerdings zwei davon unrettbar im Hafenbecken. Kurz vor dem Aufbruch warf Sven eine der erworbenen Bananenkisten wieder über Bord, da bereits die ersten Früchte zu reif und braun-matschig waren.

Beim Auslaufen hatten die Piraten der „Tutti Frutti" nun folgende Früchte dabei:

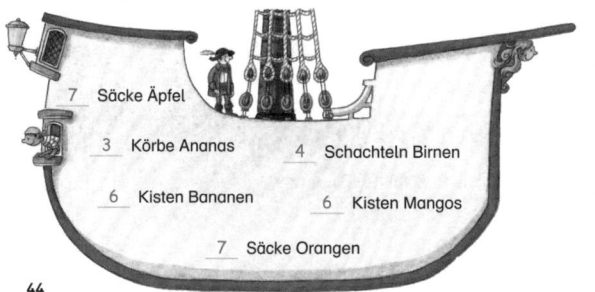

7   Säcke Äpfel

3   Körbe Ananas   4   Schachteln Birnen

6   Kisten Bananen   6   Kisten Mangos

7   Säcke Orangen

1. Zu welcher Zeit lebten die Ritter? | **I** ein Wassergraben
2. Was umgab eine Burganlage außen herum? | **T** etwa 25 Kilo
3. Wie viel wog eine Ritterrüstung? | **T** Turnier
4. Wie heißt ein Ritterkampf mit Waffen? | **R** Narren und Gaukler
5. Welches Besteck verwendeten Ritter nicht? | **E** eine Gabel
6. Was tranken Ritter schon zum Frühstück? | **R** im Mittelalter
7. Wer sorgte auf der Burg für Unterhaltung? | **Ü** 30 bis 40 Jahre
8. Wie alt wurden Ritter im Durchschnitt? | **S** von „reiten"
9. Woher kommt das Wort „Ritter"? | **R** Wein und Bier
10. Mit wie vielen Jahren begann die Ausbildung zum Ritter? | **U** nur adelige Männer
11. Wer konnte ein Ritter werden? | **T** mit sieben Jahren
12. Woraus bestand ein Ritterschild? | **G** die Toilette
13. Was war das „heimlich Gemach" einer Burg? | **N** aus Holz und Leder

Adelige Personen sind Grafen, Herzoge, Könige ...

Lösung:

Das trugen die Ritter im Kampf:

R	I	T	T	E	R	R	Ü	S	T	U	N	G
1	2	3	4	5	6	7	8	9	10	11	12	13

Die Klasse 2b war wieder einmal außer Rand und Band.
Als die Kinder mit Toben und Unsinnmachen gar nicht mehr aufhören wollten, platzte Lehrer Lämmlein der Kragen.
„Ihr seid keine Schulklasse, sondern eine Räuberbande! Die Pause fällt für euch Ganoven heute aus!", schimpfte er.
<u>Dass er richtig sauer war, konnte man an seinem tomatenroten Kopf sehen.</u> Mit einem Mal war es mucksmäuschenstill in der Klasse.

Nach der Schule standen Lukas und Tobias an der Bushaltestelle.
„So eine Gemeinheit! Uns einfach die Pause zu streichen!", beschwerte sich Tobi.
„Das kriegt der Lämmlein zurück!", empörte sich auch Lukas.
Nach kurzem Kriegsrat war der Plan perfekt.
Am nächsten Morgen saß die gesamte Klasse bereits um Viertel vor acht auf ihren Plätzen. Es waren da 22 seltsame Gestalten zu sehen: Einige hatten Strumpfmasken über dem Kopf, andere hatten sich Tücher vor Mund und Nase gebunden. Es gab Kinder mit verwegenen Hüten, eines hatte sich sogar einen Bart aufgeklebt.
Alle waren schwer bewaffnet. Man sah Spielzeugpistolen, Gewehre, Säbel und Messer vom letzten Kinderfasching. Mit finsteren Mienen warteten die Jungen und Mädchen auf das Eintreffen ihres Lehrers.
Die Tür ging auf und Herr Lämmlein kam herein. Verdattert ließ er seine Tasche fallen. Doch dann kam die Überraschung: Der Lehrer begann loszuprusten und lachte, bis ihm die Tränen kamen.
Als er sich nach zwei Minuten beruhigt hatte, meinte er grinsend:
„Zur Strafe machen wir eine Räuberwoche im Unterricht!"

1. **Welchen Streich hatte sich die Klasse ausgedacht?**
   - ☐ Die Klasse schwieg und sagte nichts mehr.
   - ☒ Alle kamen als Räuber verkleidet zum Unterricht.
   - ☐ Die Kinder machten Pause, wann sie wollten.

2. **Was bedeutet „außer Rand und Band sein"?**
   - ☐ besonders brav und artig sein
   - ☒ sich schlecht benehmen
   - ☒ sich nicht an die Regeln halten
   - ☐ schlampig und dreckig sein

   Es können auch mehrere Antworten richtig sein!

3. **Welches andere Wort für „Räuber" verwendet Lehrer Lämmlein?**

   Ganoven

4. **Woran konnte man sehen, dass Herr Lämmlein sehr wütend war? Unterstreiche im Text.**

5. **Welches Gesicht passt zum letzten Absatz? Streiche das falsche durch.**

   Zuerst war der Lehrer: Dann war er:

6. **Streiche unpassende Überschriften durch.**
   - Hurra, eine Räuberwoche!
   - ~~Räuber erpressen die 2b~~
   - ~~Lehrer Lämmchen tobt~~
   - Ein gelungener Streich

Ein Ritterknabe, süß und klein,
passt nicht mehr in die Rüstung rein.
„Er ist gewachsen, unser Sohn!
Das Atmen macht ihm Mühe schon!"

Sagt Vater Ritter Kunibert
und rennt zu seinem großen Schwert.
Die Mutter sieht's und ruft: „Halt ein!
Mir fällt da etwas Bess'res ein!"

Damit das Söhnchen besser rutscht
und leichter aus der Rüstung flutscht,
gießt Öl sie in das Blechgewand,
mit Spüli reibt sie ein den Rand.

Dann wird der Knabe umgedreht,
sodass er auf dem Kopfe steht.
Und schon nach kurzem, leichtem Rütteln
gelingt's, ihn aus dem Blech zu schütteln.

48

---

① Nummeriere in der richtigen Reihenfolge.

　4　Der Junge kommt endlich aus seiner Rüstung heraus.

　2　Der Vater will seinen Sohn mit Gewalt aus der
　　　Rüstung befreien.

　1　Der kleine Ritter ist für seine Rüstung zu groß geworden.

　3　Die Mutter greift zu einem besseren Hilfsmittel.

② Was bedeutet „Halt ein!"? Es gibt mehrere richtige Antworten.

☐ Warte draußen!　　☒ Hör auf!　　☐ Sei still!

☐ Halte dich fest!　　☒ Lass das sein!　　☐ Komm her!

**③ Mit welchen beiden Hilfsmitteln gelingt die Befreiung
des Ritterkindes?**

_____Öl_____ und _____Spüli_____

④ Male Wörter mit gleicher Bedeutung in derselben Farbe an.

Rüstung　　Blechgewand　　List　　Junge

Knabe　　flutschen　　rutschen　　Trick

5 Welche Überschriften passen? Kreuze an.

☒ Die schlaue Mutter　　☐ Ritter sind dumm

☒ Befreit!　　☐ Der Ritter, der zu klein war

49

Es waren einmal zwei persische Brüder:
Kasim war sehr reich, Ali Baba bettelarm.
Eines Tages ging Ali Baba mit seinen
zwei Eseln in den Wald zum Holzsammeln.
Plötzlich hörte er lautes Hufgetrampel.
Schnell kletterte er auf einen Baum.
Da tauchte auch schon eine große
Reiterschar auf. Es waren 40 Räuber
mit Taschen voller Gold!
Der Räuberhauptmann stellte sich vor einen riesigen Felsen und rief:
„Sesam öffne dich!" Da ging ein Tor auf und die Räuber verschwanden
im Felsen. Als sie wieder herauskamen, sagte einer:
„Sesam schließe dich!" Das Tor schloss sich und alle ritten davon.
Da kletterte Ali Baba herunter und rief ebenfalls: „Sesam öffne dich!"
In der offenen Höhle sah er unglaubliche Schätze. Er nahm einige
Säcke mit Gold, lud sie auf die beiden Esel und lief nach Hause.

Seine glückliche Frau wollte das viele Geld messen. Sie eilte
zu Kasim, um sich dafür ein Scheffelmaß zu leihen. Kasim war
neugierig und bestrich das Maß heimlich mit Pech. Als Ali Baba
es ihm zurückbrachte, klebte ein Goldstück daran. Sofort stellte er
seinen Bruder zur Rede und dieser erzählte ihm von seinem Glück.

Mit 20 Mauleseln eilte nun der geldgierige Kasim zur Höhle.
Dort füllte er unzählige Kisten mit Gold und Geld. Hinter ihm
hatte sich die Tür geschlossen. Als er hinauswollte, überlegte er:
„Gerste? Hafer? Weizen? Öffne dich!" Die richtige Getreidesorte
wollte ihm einfach nicht einfallen. Da kamen die Räuber zurück.
Sie fanden Kasim und töteten ihn. Ali Baba aber zog mit seiner Frau
in das große Haus seines Bruders und lebte glücklich und zufrieden.

(aus den Geschichten von Tausendundeiner Nacht)

50

---

① In welchem Land lebten die beiden Brüder?

☐ Parsien　　☐ Porsien　　☒ Persien　　☐ Pirsien

② Verbinde Satzanfang und Satzende richtig.

Es waren 40 Räuber　　　　unglaubliche Schätze.

Die richtige Getreidesorte　　　mit Taschen voller Gold.

In der offenen Höhle sah er　　wollte ihm einfach nicht einfallen.

③ Welche Getreidesorten findest du im Text?

☐ Roggen　　☒ Sesam　　☒ Weizen

☐ Dinkel　　☒ Gerste　　☒ Hafer

④ Suche im Text ein anderes Wort für diese Erklärung.

der geldsüchtige Kasim: der _____geldgierige_____ Kasim

⑤ Streiche falsche Behauptungen durch.

● Ali Baba kletterte auf einen Baum.

● ~~Kasim bestrich das Maß mit Leim.~~

● ~~Ali Baba lud Kisten auf seine Esel.~~

● ~~Kasims Frau war überglücklich.~~

● ~~Ali Baba sammelte im Wald Pilze.~~

● Kasim war ein reicher Mann.

**⑥ Welche beiden Sprüche öffneten oder schlossen
die Felsenhöhle? Unterstreiche die Sprüche im Text.**

51

Heute fand ein großes Ritterturnier statt. Rund um den Turnierplatz war viel los: Akrobaten balancierten auf Seilen. Sänger machten Musik. Tänzerinnen tanzten.

Knappe Heinrich sattelte und schmückte Ritter Georgs Pferd. „Hoffentlich gewinnt Ritter Georg das Turnier gegen Ritter Karl!", flüsterte er. Er diente Ritter Georg seit vier Jahren und wollte einmal so mutig werden wie er. An diesem heißen Maitag musste er Georgs Pferd an den <u>Akrobaten</u>, <u>Sängern</u> und <u>Tänzerinnen</u> vorbei zum Turnierplatz führen.

<u>Siegfried</u> war Karls Knappe. Er stand vor einem kleinen, runden Zelt und spielte mit einer Distel. Böse sah er Heinrich an. „Euer Herr wird nie gewinnen", rief Siegfried, um Heinrich zu ärgern. Aber Heinrich schwieg und führte das Pferd in einem großen Abstand um Siegfried herum.

Ein paar Meter weiter traf Heinrich <u>eine blonde Frau</u>. Sie trug ein langes, rotes Kleid. Furchtlos stand sie auf dem Weg und lächelte. Heinrich hielt an. „Das ist ein stattliches Pferd!", sagte die Frau. Während Heinrich kurz dem Feuerschlucker zusah, streichelte die junge Frau mit ihrer Hand über das ganze Pferd. Zwischendurch holte sie etwas aus ihrer Tasche. Heinrich staunte währenddessen über den Herren, der die brennenden Fackeln in seinen Mund steckte. Nun kam der <u>Feuerschlucker</u> zu Heinrich. Kurz strich er dem großen Pferd über den Kopf. Heinrich sah ihm zu. „Ist das Ritter Georgs Pferd?", fragte der Feuerschlucker. Der Knappe nickte. „So, so", sagte der Mann, „dann wollen wir mal sehen, wer heute gewinnt!" Er sah Heinrich ernst an.

52

Ritter Georg wartete bereits vor dem Turnierplatz auf sein Pferd. Gleich sollte er mit einer langen Lanze in der Hand gegen Ritter Karl antreten. Wer den Gegner vom Pferd stoßen konnte, hatte gewonnen.

Jetzt half Heinrich seinem Herren auf das Pferd. Kaum aber hatte Georg sich in den Sattel gesetzt, raste das Pferd wie wild los. „Was ist denn los mit ihm?", fragte Heinrich verzweifelt. So hatte er das Ross noch nie gesehen. Normalerweise war es sehr ruhig. Georg versuchte alles, um das Tier zu beruhigen. Aber das Pferd war außer sich. Es raste auf eine Gruppe Knappen zu, die im letzten Moment ausweichen konnten. Dann rannte es ein paar Stangen und Fahnen um. Zuletzt stieg es kerzengerade mit den Vorderbeinen in die Höhe und warf Georg ab. In dem Augenblick erschien Karl mit seinem Pferd auf dem Turnierplatz und sah grinsend zu Georg hinunter.

Heinrich lief jetzt zu dem reiterlosen Pferd und fing es wieder ein. Er sah sich das Pferd ganz genau an. Schließlich griff er unter den Sattel und fand eine Distel. Die hatte das Pferd gepiekst. Deshalb hatte es Georg abgeworfen! Aber wer hatte dem Pferd die Distel unter den Sattel geschoben?

Es war <u>die blonde Frau</u>.

Das kann dir helfen:
- Unterstreiche alle Personen, an denen Heinrich vorbeiging.
- Welche Person streichelte das Pferd, ohne dass Heinrich dabei zusah?

<u>die blonde Frau</u>

53

---

① Es lebte einst in einem Wald
vor vielen hundert Jahren bald
ein Räuber, den man Robin nannte
und den im Land schnell jeder kannte.

② Er raubte reiche Menschen aus,
für sie war das ein echter Graus!
Doch klaute er stets für die Armen,
mit diesen hatte er Erbarmen.

③ Ein Feind des Königs war er auch,
denn dieser schlug sich voll den Bauch
und nahm den Armen Geld dabei.
Ihr Leid – das war ihm einerlei!

④ Deshalb erfasste Robin Wut:
Was König John tat, war nicht gut!
Doch schaffte Robin es zuletzt,
dass König John wurd' abgesetzt.

⑤ Johns Bruder Richard wurde König.
Er gab den Reichen nur noch wenig,
und achtete auf arme Leute,
was Robin über alles freute.

⑥ Es bleibt zuletzt nur eine Frage,
die wir uns stellen heutzutage:
Ob Robin ein Halunke war
oder ein echter Held sogar?

54

Welche Aussage passt zu welcher Strophe des Gedichts? Trage die Nummern ein.

Es ärgerte Robin Hood, was König John machte. Deshalb sorgte er dafür, dass John nicht länger König war. ④

König Richard war der Bruder von König John. Nachdem John nicht mehr auf dem Thron saß, wurde Richard König. Richard achtete auf die Armen. Darüber war Robin glücklich. ⑤

Robin Hood raubte Menschen aus, die sehr reich waren. Da er großes Mitleid mit den Armen hatte, gab er ihnen seine Beute. ②

König John ließ es sich immer sehr gut gehen. Er verlangte von den armen Menschen Geld und lebte auf deren Kosten. ③

Es ist heute schwer zu sagen, ob Robins Taten gut oder schlecht waren. ⑥

Robin Hood war ein bekannter Räuber, der in einem Wald lebte. ①

55

Riedersheimer Bote — Montag, 20.5.2013

Hund als Dieb

Eine Hundedame lief für einen Diebstahl zehn Kilometer weit. Paula, eine Schäferhündin aus Riedersheim, büchste eines Tages nach Berging aus. Dort spazierte sie in den Dorfladen und klaute einen großen Knochen. Weil der Laden eine Kamera zur Überwachung hatte, kam man ihr auf die Schliche. Die Besitzerin erkannte den Hund und holte sich ihre Bezahlung persönlich bei Paulas Besitzern ab.

Abendblatt — Freitag, 24.5.2013

Ein Handy fiel vom Himmel

Da staunten zwei Polizisten in Hohenries: Gestern landete plötzlich ein kleines Handy vor ihren Füßen. Sie sahen gerade noch eine Elster am Himmel davonfliegen. Der diebische Vogel hatte sich wohl irgendwo das glitzernde Telefon geklaut. Allerdings musste der Raub schon ein paar Tage her sein, da das Handy ziemlich durchnässt und mitgenommen aussah.

Morgenpost — Dienstag, 28.5.2013

Wer ist der Dieb?

Bei Familie Postel verschwanden immer wieder Dinge aus dem Garten: kleines Spielzeug, ein Gartenschuh, herumliegende Kleidung und einmal sogar ein Kuchen. Die Eltern verdächtigten zuerst ihre Kinder, aber nun kennt man den Übeltäter. Fritz, der Sohn, entdeckte ihn am frühen Sonntagmorgen, als er den Frühstückstisch decken wollte. Es war tatsächlich ein kleiner Fuchs, der da gerade eine seiner Sandalen aus dem Garten schleppte.

① **Welche Tiere kommen nicht in den Zeitungsartikeln vor?**

- ☒ Bernhardiner
- ☐ Schäferhündin
- ☐ Fuchs
- ☐ Elster
- ☒ Hase
- ☒ Meerschweinchen

② **Welche Menschen kommen nicht in den Zeitungsartikeln vor?**

- ☐ Fritz Postel
- ☒ Familie Possel
- ☐ eine Ladenbesitzerin
- ☒ Frau Fuchs
- ☒ Herr Riedersheimer
- ☐ zwei Polizisten

③ **Welche Orte kommen nicht in den Zeitungsartikeln vor?**

- ☐ Hohenries
- ☒ Niederberg
- ☒ Fritzburg
- ☒ Possenhofen
- ☐ Riedersheim
- ☐ Berging

④ **Welche Gegenstände kommen nicht in den Zeitungsartikeln vor?**

- ☒ Hausschuh
- ☐ großer Knochen
- ☐ Sandalen
- ☐ Kuchen
- ☒ Geldbeutel
- ☒ Fernseher
- ☐ Handy
- ☒ Hundehütte
- ☐ Spielzeug

⑤ **An welchem Tag entdeckte Fritz den räuberischen Fuchs? Schreibe das Datum auf.**

26.5.2013

Die Klasse 2a hat sich im Theater eine Aufführung des Stücks „Ronja Räubertochter" angesehen. Anschließend wurden die Kinder von den Reportern der Schülerzeitung zum Stück befragt. Das haben die Jungen und Mädchen erzählt:

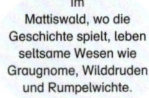
Ronja ist die Tochter eines Räuberhäuptlings namens Mattis und seiner Frau Lovis.

Ronja trifft Birk, den Sohn des verfeindeten Räuberhauptmannes Borka.

Im Mattiswald, wo die Geschichte spielt, leben seltsame Wesen wie Graugnome, Wilddruden und Rumpelwichte.

Besonders gruselig waren die gefährlichen Wilddruden in ihren zotteligen Kostümen.

Astrid Lindgren aus Schweden hat die Buchvorlage für das Theaterstück geschrieben.

Weil sie Angst vor den Eltern haben, flüchten sich Ronja und Birk in eine Höhle.

Ronja und Birk werden beste Freunde. Aber ihre Eltern finden das gar nicht gut.

Die Eltern von Ronja und Birk beenden ihren Streit und die beiden Kinder kommen wieder zurück.

Achte auf Wörter, die auch in den Sprechblasen vorkommen.

Wer hat was erzählt?
Notiere den Namen des Kindes.

- Ronjas Vater heißt Mattis, ihre Mutter Lovis. Sie sind eine Räuberfamilie. — Lisa

- Im Mattiswald leben unterschiedliche, wundersam aussehende Geschöpfe. — Max

- Ronja begegnet dem Sohn eines anderen Räubers. — Elias

- Die Kinder befreunden sich, obwohl ihre Eltern das nicht wollen. — Erkan

- Weil die Eltern die Freundschaft verbieten, gehen die Räuberkinder gemeinsam weg. — Lena

- Wilddruden sind besonders furchterregende Gesellen. — Anna

- Ronja und Birk kehren heim, als die Eltern Frieden schließen. — Felix

- Das Buch zum Stück hat eine schwedische Kinderbuchautorin geschrieben. — Sofia

„Potzblitz, ein Riesenschiff!", rief Piet im Morgengrauen. Erfreut sagte der Piratenboss: „So ein großes Schiff haben wir noch nie überfallen." Er trommelte seine Piratenmannschaft zusammen und befahl: „Das ist unsere Chance! Los, Leute, das Schiff gehört uns! Wir werden es einnehmen und damit zu Leffe schippern. Der wird Augen machen!" Leffe war Piets Piratenfreund. Dennoch lagen die beiden ständig im Wettstreit. Jeder wollte der beste Pirat sein. Und so versuchten sie stets, sich zu übertrumpfen. „So ein großes Schiff hat Leffe bestimmt noch nie gesehen!", sagte Piet und freute sich jetzt schon auf Leffes dummes Gesicht, wenn er ihm seine Beute zeigte.

Das Schiff lag ruhig da. Offenbar schlief die Mannschaft noch. Jetzt konnten sie es wagen! Piet wollte mit seinen Leuten die Matrosen im Schlaf überraschen und so das Schiff kapern. Schnell waren sie an das Schiff herangefahren und hinübergeklettert. Doch auf dem Schiff war zunächst weit und breit niemand zu sehen. Plötzlich tauchten aber aus den Kajüten eine Menge Piraten auf und lachten laut. Es war Leffe mit seinen Leuten. „Tod und Teufel, das darf doch wohl nicht wahr sein!", fluchte Piet. „Tja", sagte Leffe, „da sind wir dir leider zuvorgekommen! Aber ich wusste, du würdest anbeißen, wenn das große Schiff vor dir auftaucht! Nur leider gehört es bereits mir. So ein großes Schiff hast du dir noch nie unter den Nagel gerissen, was Piet?!" Er klopfte seinem Freund auf die Schulter. Der kochte vor Wut. Da hatte Leffe ihn doch glatt ausgetrickst!

60

① **Zu welcher Tageszeit entdeckte Piet ein sehr großes Schiff?**

am Morgen

② **Worauf freute sich Piet besonders, als er das große Schiff sah? Unterstreiche.**

- Er freute sich darauf, sich das Gold im Schiff zu holen.

- Er freute sich darauf, Leffe das Schiff zu schenken.

- Er freute sich darauf, Leffe seine große Beute zu zeigen.

③ **Wie hat Leffe seinen Freund ausgetrickst? Kreuze an. Es passen mehrere Antworten.**

- ☒ Er hat so getan, als sei das Schiff noch nicht überfallen worden.

- ☐ Er hat Piets Schiff mit seinen Männern überfallen.

- ☒ Er hat das Schiff dort hingefahren, wo Piet es entdecken konnte.

- ☐ Leffes Leute haben mit Piets Leuten um das Schiff gekämpft.

④ **Suche im Text andere Wörter für diese Erklärungen. Schreibe sie auf.**

- Anführer einer Gruppe, die Schiffe überfällt: Piratenboss

- Raum eines Schiffs, in dem man wohnen und schlafen kann: Kajüte

- eine besondere Gelegenheit: Chance

61

In einem Dorf nahe der Burg Weißenstein redeten eines Morgens alle durcheinander. Ein böser Ritter hatte das Dorf angegriffen.

Sein schwarzes Pferd wieherte schrecklich laut.

Dem Himmel sei Dank, dass Ritter Eisenherz den Kampf gewann.

Der schwarze Ritter jagte unsere Schafe und Ziegen davon.

Heute um Mitternacht kam der schwarze Ritter. Er schlug mit seinem Schwert an die Türen unserer Hütten.

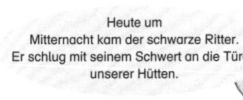

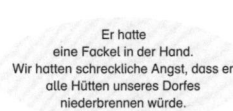

Er hatte eine Fackel in der Hand. Wir hatten schreckliche Angst, dass er alle Hütten unseres Dorfes niederbrennen würde.

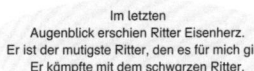

Im letzten Augenblick erschien Ritter Eisenherz. Er ist der mutigste Ritter, den es für mich gibt. Er kämpfte mit dem schwarzen Ritter.

Lies dir die Sätze genau durch. Achte auf die Bilder von der linken Seite.

Welche Aussagen sind richtig? Kreuze an.

- ☒ Der schwarze Ritter jagte den Menschen des Dorfes sehr große Angst ein.

- ☐ Ritter Eisenherz konnte den Dorfbewohnern nicht helfen, obwohl er es gerne wollte.

- ☒ Die Leute des Dorfes besaßen Tiere.

- ☒ Es fand ein Kampf zwischen den Rittern statt.

- ☐ Der schwarze Ritter brannte das Dorf nieder.

- ☐ Der böse Ritter hatte ein weißes Pferd.

- ☒ Um 12 Uhr nachts tauchte der schwarze Ritter im Dorf auf.

- ☒ Der schwarze Ritter hatte eine brennende Fackel und ein Schwert dabei.

- ☐ Der böse Ritter klopfte mit der Hand an die Türen der Dorfbewohner.

- ☐ Der schwarze Ritter gewann den Kampf gegen Ritter Eisenherz.

- ☐ Der schwarze Ritter stahl eine Ziege.

- ☒ Der Überfall fand in der Nähe der Burg Weißenstein statt.

- ☒ Eine alte Frau empfand das Wiehern eines Pferdes als sehr laut.

- ☒ Eine junge Frau hält Ritter Eisenherz für einen Mann mit sehr viel Mut.

- ☐ Ein Mädchen berichtet über die Angst der Dorfbewohner.

- ☒ Ein junger Mann ist glücklich über den Ausgang des Kampfes.

- ☐ Ein alter Mann berichtet über das Erscheinen des rettenden Ritters.

62

63

Die Seefahrer haben besondere Ausdrücke.
Trage die Buchstaben ein.
Sie ergeben ein Lösungswort.

1. Steuermann

2. Anker

3. an Bord sein

4. Kapitän

5. Kombüse

6. Mastkorb

7. Deck

8. Smutje

9. Ahoi!

10. ein Schiff entern

11. Flaute

12. Kajüte

13. Reling

B er ist Chef an Bord und gibt die Kommandos

R Hallo! (Seemannsgruß)

N Schutzgeländer am Boot, verhindert, dass man über Bord geht

U Ausguck oben am Mast

L großer, schwerer Eisenhaken, der das Schiff am Meeresboden festhält

M an ein fremdes Schiff anlegen und hinübergelangen

A auf einem Schiff sein

A Windstille

A Schiffsküche

N Raum unter Deck

T Schiffsoberfläche, der Boden über den Kajüten

E Schiffskoch

K derjenige, der das Schiff lenkt

Lösungswort:

K	L	A	B	A	U	T	E	R	M	A	N	N
1	2	3	4	5	6	7	8	9	10	11	12	13

1 **In welchen Fächern wurde Kunibert zunächst unterrichtet?**

Er bekam Unterricht in …

☐ Schreiben ☐ Religion ☐ gutem Benehmen

☐ Musik ☐ Lesen

> Das Wort „Page" kommt aus dem Französischen und wird „Paasche" ausgesprochen.

2 **Was bedeutete es „Page" zu sein? Unterstreiche im Text.**

3 **Ordne die Ausbildung von Kunibert in der richtigen Reihenfolge.**

_____ Er diente als Page.   _____ Er lernte gutes Benehmen.

_____ Er wurde zum Ritter geschlagen.   _____ Er wurde zum Knappen ernannt.

4 **Was gehört zusammen? Male jeweils in der gleichen Farbe an.**

| Page | ab 21 Jahre | an Turnieren teilnehmen |

| 14 – 21 Jahre | Kämpfen erlernen | Ritter |

| Gäste betreuen | Knappe | 7 – 14 Jahre |

5 **Wie viele Jahre dauerte die Ausbildung zum Ritter?**

☐ 7 Jahre ☐ 14 Jahre ☐ 21 Jahre ☐ 28 Jahre

Drei Piraten treffen sich. Wer ist wer? Und auf welchem Schiff fahren sie? Was haben sie erbeutet?
Lies zuerst alle Sätze genau. Trage dann die Informationen ein. Streiche verwendete Sätze durch.

Name			
Schiff			
Beute			

- Rechts steht der humpelnde Pirat Holzbein.

- Der Seeräuber Stoppelbart hat Goldtaler in seinen Besitz gebracht.

- Der Pirat, der Edelsteine erbeutet hat, schippert auf der Aquarius.

- Einauge hat oben in der Tabelle zwei Nachbarn.

- Dem Piraten in der Mitte gehört die Schmucktruhe.

- Das Schiff des Einäugigen heißt Albatros.

- Ein Pirat hat mit seiner Bande Edelsteine geraubt.

- Ein Pirat segelt auf dem Schiff namens Amanda.

Achtung! Du kannst nicht der Reihe nach arbeiten!

Die Schüler der Klasse 2b sprechen über Bücher. Ihre Lehrerin möchte wissen, welche Bücher die Kinder am liebsten lesen. An der Tafel entsteht folgendes Diagramm.

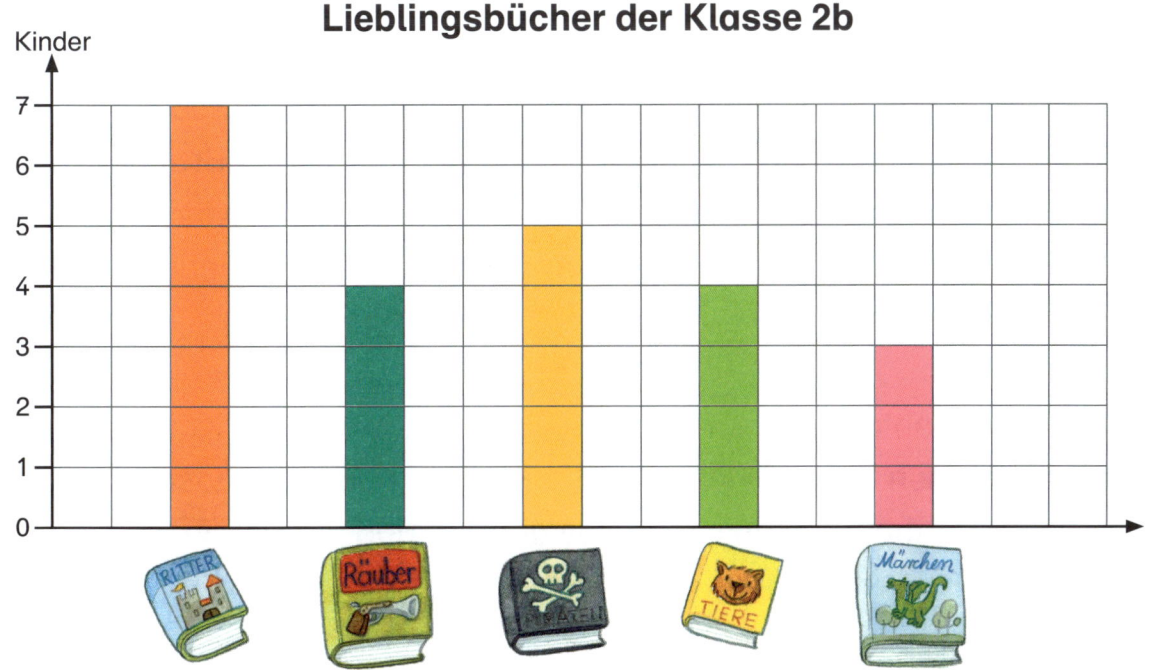

Lieblingsbücher der Klasse 2b

① **Beantworte die Fragen zum Schaubild.**

Wie viele Kinder mögen Piratenbücher? _____ Kinder

Wie viele Kinder mögen Räubergeschichten? _____ Kinder

Wie viele Kinder lesen gerne Ritterbücher? _____ Kinder

Wie viele Kinder bevorzugen Märchen? _____ Kinder

Welche Bücher sind am beliebtesten? _____

Welche Bücher sind am wenigsten beliebt? _____

Welche Bücher sind gleichermaßen beliebt?

Bücher über _____ und Bücher über _____

 2 **Wie viele Kinder sind in der Klasse 2b?** _____ Kinder

Die Burgherrin Kunigunde lebte im Mittelalter. Schon mit 14 Jahren wurde sie von ihren Eltern mit einem Burgherren verheiratet. Damals durfte sich ein Mädchen ihren Ehemann noch nicht selbst aussuchen.

Kunigunde musste sich in der Burg um den Haushalt kümmern. Sie passte auf, dass die vielen Mägde die schwere Hausarbeit ordentlich erledigten. Das Wasser musste in Eimern vom Brunnen geholt werden. Die Wäsche wurde in großen Wannen gewaschen. Und täglich musste für alle Burgbewohner über offenem Feuer gekocht werden.

Auf der Burg lebten auch einige Hofdamen. Sie waren für Kunigunde wie Freundinnen. Damals konnten die Frauen meist nicht lesen und schreiben. Deshalb saßen sie oft beisammen und vertrieben sich die Zeit mit Sticken, Nähen und Geschichtenerzählen.

Eine Zofe kümmerte sich um das Wohlergehen von Kunigunde. Sie half ihr beim Ankleiden und Auskleiden der prächtigen Gewänder und ordnete ihre kunstvolle Frisur.

Großen Spaß bereitete Kunigunde das Ausreiten hoch zu Ross. Manchmal durfte sie mit ihren Hofdamen an der Jagd teilnehmen. Wegen der langen, edlen Kleider ritten die Damen im Damensitz auf einem besonderen Damensattel. Das erforderte schon viel Geschick!

1 Zu welcher Zeit lebte Kunigunde? _____

2 Welche Personen werden im Text genannt?

☐ Burgherrin ☐ Burgherr ☐ Zofe ☐ Hofdame

☐ Stallknecht ☐ Hofnarr ☐ Mägde ☐ Dienstbote

3 Wie steht es im Text? Verbinde.

kunstvolle) (Feuer

offenes) (Gewänder

große) (Frisuren

prächtige) (Hausarbeit

schwere) (Wannen

4 Wie vertrieben sich die Hofdamen die Zeit?
Unterstreiche im Text.

Ich brauche keinen Damensattel.

5 Warum konnten die Damen im Mittelalter
nur auf einem besonderen Sattel reiten?

Wegen ihrer ...

☐ langen Jacken ☐ langen Haare

☐ langen Kleider ☐ langen Hosen

Hechthausen, den 1. Mai 2013

Liebe Oma,

vielen Dank für die tollen Fußballschuhe. Beim letzten Training
habe ich sie schon angehabt, sie sind echt klasse!
An meinem Geburtstag habe ich eine Piratenparty gemacht.
Ich habe fünf Jungen und vier Mädchen eingeladen.
Als Einladung hat jeder eine Flaschenpost bekommen.
Dazu habe ich etwas Sand in kleine Plastikflaschen gefüllt,
die Einladungen hineingesteckt und zugeschraubt.
Endlich kam mein großer Tag! Alle waren ganz aufgeregt.
Zur Begrüßung wickelte Papa jedem ein Piratentuch
um den Kopf. Dazu gab es noch Augenklappen.
Wir sahen ganz schön wild aus!
Zuerst haben wir Tauziehen gespielt. Die Mannschaft mit den
meisten Jungen hat natürlich gewonnen! Danach mussten wir
mit verbundenen Augen über ein schmales Brett balancieren.
Nur ich habe es geschafft, ohne abzusteigen ans Ziel zu kommen.
Als Nächstes sind wir auf einem Bein um die Wette gehüpft.
Die Mädchen haben das am längsten durchgehalten – wie
peinlich für uns Jungs!
Das Beste aber war das Geburtstagsessen. Es gab Pommes und
Fischstäbchen. Wir durften wie die Piraten mit den Fingern essen.
Vom vielen Ketchup hatten wir zum Schluss ganz blutrote Finger.
Genau wie echte Piraten!

Es grüßt dich ganz herzlich dein Alex

1 Was für eine Art von Party feierte Alex? _____

2 Welchen Sport macht Alex? _____

3 Welche besondere Art der Einladung
hatte sich Alex ausgedacht?
Unterstreiche das Wort im Text.

4 Welches Wettspiel haben die Mädchen gewonnen?

☐ Wettessen   ☐ Wettrennen   ☐ Wetthüpfen   ☐ Wettlaufen

5 Nummeriere den Ablauf der Piratenparty
in der richtigen Reihenfolge.

_____ Wetthüpfen gemacht

_____ Piratentuch umgewickelt

_____ Fischstäbchen und Pommes gegessen

_____ auf einem Brett balanciert

_____ Augenklappe aufgesetzt

_____ Tauziehen gemacht

6 Wie aßen die Piraten?

☐ mit dem Säbel   ☐ mit Messer und Gabel

☐ mit den Fingern   ☐ mit den Füßen

7 Wie viele Kinder befanden sich insgesamt
auf der Geburtstagsfeier?

☐ 8 Kinder   ☐ 9 Kinder   ☐ 10 Kinder   ☐ 11 Kinder

In vielen Geschichten werden Räuber als Menschen beschrieben, die gefährlich sind und merkwürdige Dinge tun. Sie fluchen und schimpfen, rülpsen und spucken auf den Boden. Räuber sind aber auch stark, mutig und abenteuerlustig. Womöglich hast du schon mal etwas über Ronja Räubertochter oder Räuber Hotzenplotz gelesen? Räuber in diesen Büchern tragen oft alte, zerrissene Kleidung und haben Pistolen dabei. Sie wohnen in Höhlen oder Burgen tief im Wald und stehlen alles, was sie auf ihren Raubzügen finden können.

Aber die merkwürdigsten Räuber trifft man ganz woanders. Sie fluchen fast nie und schimpfen ganz wenig. Sie rülpsen äußerst selten und auf den Boden spucken – das machen sie nie!

Sie sehen ganz unterschiedlich aus und haben alles Mögliche an. Diese Räuber brechen am Tag und in der Nacht ein. Dann stehlen sie Schokoeier aus Osternestern, Torten aus Kühlschränken und Plätzchen aus Dosen, selbst wenn diese ganz oben im Regal stehen.

Dabei brechen sie keine Türen auf und machen keine Fenster kaputt. Sie werfen auch nichts herunter: keine Teller, Tassen oder Vasen und überhaupt gar nichts.

Brav verschließen sie wieder alles, was sie geöffnet haben. So merkt man auf den ersten Blick nicht, dass ein Räuber da war. Das ist besonders gemein, denn so kommt man manchmal erst nach Tagen oder Wochen den Räubern auf die Schliche. Und dann verflucht man diese Diebe, die oft Mama oder Papa oder Bruder oder Schwester heißen. Oh, diese verflixten Räuber!

Manieren bedeutet Benehmen.

1 Welche schlechten Manieren haben Räuber in Geschichten? Unterstreiche im Text grün.

2 Welche Eigenschaften haben Räuber in Geschichten? Kreuze an.

☐ mutig ☐ freundlich ☐ stark

☐ ehrlich ☐ gefährlich ☐ langweilig

3 Was stehlen die schlimmsten aller Räuber? Unterstreiche im Text blau.

4 Wie könnte man die schlimmsten aller Räuber nennen? Kreuze an. Es gibt mehr als eine Lösung.

☐ böse Juwelendiebe ☐ gemeine Einbrecher

☐ hungrige Süßigkeitenräuber ☐ diebische Naschkatzen

5 Warum haben die schlimmsten aller Räuber so seltsame Namen? Kreuze an.

☐ Weil man diesen Dieben ganz besondere Namen gibt.

☐ Weil es meist Familienmitglieder sind, die Süßes stehlen.

☐ Weil man damit ausdrücken will, wie schlimm sie sind.

☐ Weil sie so von ihren Eltern getauft wurden.

Trixi wohnte ganz alleine mitten im dunklen Wald. Einmal fragte
ihre Tante Ludmilla sie: „Hast du keine Angst? Was machst du,
wenn Räuber kommen?"
Trixi grinste: „Ach Tantchen, ich habe gute Beschützer!"

Eines Tages schlichen tatsächlich Torre und Raubart, zwei gefürchtete
Räuber, um das Haus. Trixi holte gerade einen duftenden Kuchen
aus ihrem Ofen, als die finsteren Gesellen die Haustür aufbrachen.
„Was wollt ihr?", fragte Trixi verwundert und stellte den Kuchen
auf den Tisch. Die Räuber schnauzten sie an: „Her mit deinem
Geld und dem Schmuck! Den Kuchen nehmen wir auch gleich mit!"
„Also hört mal!", empörte sich Trixi. „Ein bisschen freundlicher
könntet ihr schon sein. So gibt's keinen Kuchen!" Soeben wollte
Raubart zu dem Kuchen gehen, da pfiff Trixi. Es flatterte eine Eule
durch die offene Tür ins Haus und schnappte sich Raubarts Hut.
Der fluchte: „Gib sofort meinen Hut her!" Aber die Eule legte den Hut
auf ein sehr hohes Regal und setzte sich dann auf Raubarts Kopf.
Dort hinterließ sie einen großen, weißen Fleck.
„Igitt!", schimpfe Raubart. Torre hob drohend sein Gewehr.
Doch nun trabte ein Hirsch zur Tür herein
und schubste Torre mit dem Geweih.
Torre stolperte, ein Schuss löste sich
und traf den Kuchen.
„Jetzt reicht es aber wirklich!", schimpfte Trixi.
Sie klatschte in die Hände. Ein Pferd schritt
in ihr Haus, drehte sich um und beförderte
die Räuber mit zwei gewaltigen Tritten
aus dem Haus. Trixi schloss die Tür und
sagte lächelnd: „Danke, meine Beschützer!"

Trixi schreibt ihrer Tante einen Brief. Darin vergisst sie ein paar Wörter. Setze die fehlenden Wörter ein.

Liebe Tante _____!

Stell dir vor, gestern waren zwei _____ bei mir.

Ich habe gerade einen _____ aus dem Ofen geholt,

als sie die _____ aufbrachen. Sie wollten

mein _____, meinen _____ und

den leckeren _____ stehlen.

Doch da kam meine Freundin die _____ angeflogen.

Sie hat einem der Räuber den _____ weggeschnappt.

Danach hat sie sich auf seinen _____ gesetzt und

darauf etwas hinterlassen, das nicht besonders gut roch!

Anschließend trabte mein Freund der _____ herein und

schubste einen der Räuber mit seinem _____. Leider

hat dieser Kerl dabei auf meinen _____ geschossen.

Da bin ich aber wirklich sauer geworden! Mein wundervolles

_____ kam daraufhin ins Haus und hat die beiden

Burschen mit zwei _____ ins Freie befördert.

Auf meine Freunde ist Verlass!

Herzliche Grüße!

Deine _____

Irgendwann hatten auch die dümmsten und letzten Piraten begriffen, dass Obst viele Vitamine hat und wertvolle Energie liefert.

Käpt'n Ole Skorbutnix nahm deshalb bei jedem Landgang kistenweise und körbeweise Früchte mit. Nachdem wieder einmal fast alle Obstvorräte erschöpft waren, kauften die Piraten der „Tutti Frutti" brav von ihrem geklauten Geld neue Vorräte ein.

Zuerst hievten sie fünf Säcke Äpfel an Bord. Diese gesellten sich zu den zwei Säcken, die noch an Bord waren. Sieben Kisten Bananen wurden ebenfalls verstaut. Drei Körbe Ananas wanderten auch unter Deck. Smutje Sven hatte darüber hinaus sechs Kisten Mangos zu einem Spottpreis ergattern können. Vier Schachteln Birnen fanden auch ein Plätzchen auf dem Schiff.

Zum Schluss schafften die kräftigsten Piraten noch neun Säcke mit Orangen aufs Schiff. Dabei landeten allerdings zwei davon unrettbar im Hafenbecken. Kurz vor dem Aufbruch warf Sven eine der erworbenen Bananenkisten wieder über Bord, da bereits die ersten Früchte zu reif und braun-matschig waren.

Beim Auslaufen hatten die Piraten der „Tutti Frutti" nun folgende Früchte dabei:

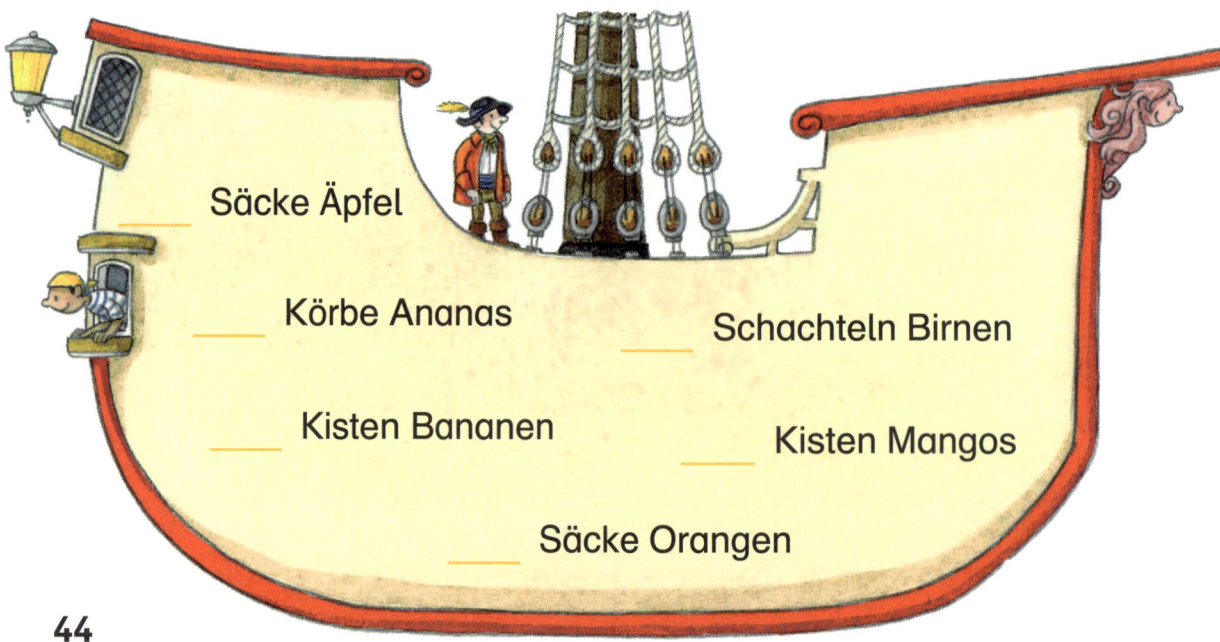

_____ Säcke Äpfel

_____ Körbe Ananas

_____ Schachteln Birnen

_____ Kisten Bananen

_____ Kisten Mangos

_____ Säcke Orangen

1 Zu welcher Zeit lebten die Ritter?

I ein Wassergraben

2 Was umgab eine Burganlage außen herum?

T etwa 25 Kilo

3 Wie viel wog eine Ritterrüstung?

T Turnier

4 Wie heißt ein Ritterkampf mit Waffen?

R Narren und Gaukler

5 Welches Besteck verwendeten Ritter nicht?

E eine Gabel

6 Was tranken Ritter schon zum Frühstück?

R im Mittelalter

7 Wer sorgte auf der Burg für Unterhaltung?

Ü 30 bis 40 Jahre

8 Wie alt wurden Ritter im Durchschnitt?

S von „reiten"

9 Woher kommt das Wort „Ritter"?

R Wein und Bier

10 Mit wie vielen Jahren begann die Ausbildung zum Ritter?

U nur adelige Männer

11 Wer konnte ein Ritter werden?

T mit sieben Jahren

12 Woraus bestand ein Ritterschild?

G die Toilette

13 Was war das „heimlich Gemach" einer Burg?

N aus Holz und Leder

> Adelige Personen sind Grafen, Herzoge, Könige ...

Lösung:

Das trugen die Ritter im Kampf:

___ ___ ___ ___ ___ ___ ___ ___ ___ ___ ___ ___ ___

1   2   3   4   5   6   7   8   9   10   11   12   13

Die Klasse 2b war wieder einmal außer Rand und Band.
Als die Kinder mit Toben und Unsinnmachen gar nicht mehr
aufhören wollten, platzte Lehrer Lämmlein der Kragen.
„Ihr seid keine Schulklasse, sondern eine Räuberbande! Die Pause
fällt für euch Ganoven heute aus!", schimpfte er.
Dass er richtig sauer war, konnte man an seinem tomatenroten Kopf
sehen. Mit einem Mal war es mucksmäuschenstill in der Klasse.

Nach der Schule standen Lukas und Tobias an der Bushaltestelle.
„So eine Gemeinheit! Uns einfach die Pause zu streichen!",
beschwerte sich Tobi.
„Das kriegt der Lämmlein zurück!", empörte sich auch Lukas.
Nach kurzem Kriegsrat war der Plan perfekt.
Am nächsten Morgen saß die gesamte Klasse bereits um Viertel vor
acht auf ihren Plätzen. Es waren da 22 seltsame Gestalten zu sehen:
Einige hatten Strumpfmasken über dem Kopf, andere hatten sich
Tücher vor Mund und Nase gebunden. Es gab Kinder mit verwegenen
Hüten, eines hatte sich sogar einen Bart aufgeklebt.
Alle waren schwer bewaffnet. Man sah Spielzeugpistolen, Gewehre,
Säbel und Messer vom letzten Kinderfasching. Mit finsteren Mienen
warteten die Jungen und Mädchen auf das Eintreffen ihres Lehrers.
Die Tür ging auf und Herr Lämmlein kam herein. Verdattert ließ er
seine Tasche fallen. Doch dann kam die Überraschung: Der Lehrer
begann loszuprusten und lachte, bis ihm die Tränen kamen.
Als er sich nach zwei Minuten beruhigt hatte, meinte er grinsend:
„Zur Strafe machen wir eine Räuberwoche im Unterricht!"

(1) **Welchen Streich hatte sich die Klasse ausgedacht?**

☐ Die Klasse schwieg und sagte nichts mehr.

☐ Alle kamen als Räuber verkleidet zum Unterricht.

☐ Die Kinder machten Pause, wann sie wollten.

(2) **Was bedeutet „außer Rand und Band sein"?**

☐ besonders brav und artig sein

☐ sich schlecht benehmen

☐ sich nicht an die Regeln halten

☐ schlampig und dreckig sein

> Es können auch mehrere Antworten richtig sein!

(3) **Welches andere Wort für „Räuber" verwendet Lehrer Lämmlein?**

_____

(4) **Woran konnte man sehen, dass Herr Lämmlein sehr wütend war? Unterstreiche im Text.**

(5) **Welches Gesicht passt zum letzten Absatz? Streiche das falsche durch.**

Zuerst war der Lehrer:     Dann war er:

6 **Streiche unpassende Überschriften durch.**

● Hurra, eine Räuberwoche!   ● Räuber erpressen die 2b

● Lehrer Lämmchen tobt   ● Ein gelungener Streich

❶ Ein Ritterknabe, süß und klein,
passt nicht mehr in die Rüstung rein.
„Er ist gewachsen, unser Sohn!
Das Atmen macht ihm Mühe schon!"

❷ Sagt Vater Ritter Kunibert
und rennt zu seinem großen Schwert.
Die Mutter sieht's und ruft: „Halt ein!
Mir fällt da etwas Bess'res ein!"

❸ Damit das Söhnchen besser rutscht
und leichter aus der Rüstung flutscht,
gießt Öl sie in das Blechgewand,
mit Spüli reibt sie ein den Rand.

❹ Dann wird der Knabe umgedreht,
sodass er auf dem Kopfe steht.
Und schon nach kurzem, leichtem Rütteln
gelingt's, ihn aus dem Blech zu schütteln.

① Nummeriere in der richtigen Reihenfolge.

____ Der Junge kommt endlich aus seiner Rüstung heraus.

____ Der Vater will seinen Sohn mit Gewalt aus der
Rüstung befreien.

____ Der kleine Ritter ist für seine Rüstung zu groß geworden.

____ Die Mutter greift zu einem besseren Hilfsmittel.

② Was bedeutet „Halt ein!"? Es gibt mehrere richtige Antworten.

☐ Warte draußen! ☐ Hör auf! ☐ Sei still!

☐ Halte dich fest! ☐ Lass das sein! ☐ Komm her!

**③ Mit welchen beiden Hilfsmitteln gelingt die Befreiung
des Ritterkindes?**

_____ und _____

④ Male Wörter mit gleicher Bedeutung in derselben Farbe an.

Rüstung

Blechgewand

List

Junge

Knabe

flutschen

rutschen

Trick

⑤ Welche Überschriften passen? Kreuze an.

☐ Die schlaue Mutter ☐ Ritter sind dumm

☐ Befreit! ☐ Der Ritter, der zu klein war

Es waren einmal zwei persische Brüder:
Kasim war sehr reich, Ali Baba bettelarm.
Eines Tages ging Ali Baba mit seinen
zwei Eseln in den Wald zum Holzsammeln.
Plötzlich hörte er lautes Hufgetrampel.
Schnell kletterte er auf einen Baum.
Da tauchte auch schon eine große
Reiterschar auf. Es waren 40 Räuber
mit Taschen voller Gold!

Der Räuberhauptmann stellte sich vor einen riesigen Felsen und rief:
„Sesam öffne dich!" Da ging ein Tor auf und die Räuber verschwanden
im Felsen. Als sie wieder herauskamen, sagte einer:
„Sesam schließe dich!" Das Tor schloss sich und alle ritten davon.
Da kletterte Ali Baba herunter und rief ebenfalls: „Sesam öffne dich!"
In der offenen Höhle sah er unglaubliche Schätze. Er nahm einige
Säcke mit Gold, lud sie auf die beiden Esel und lief nach Hause.

Seine glückliche Frau wollte das viele Geld messen. Sie eilte
zu Kasim, um sich dafür ein Scheffelmaß zu leihen. Kasim war
neugierig und bestrich das Maß heimlich mit Pech. Als Ali Baba
es ihm zurückbrachte, klebte ein Goldstück daran. Sofort stellte er
seinen Bruder zur Rede und dieser erzählte ihm von seinem Glück.

Mit 20 Mauleseln eilte nun der geldgierige Kasim zur Höhle.
Dort füllte er unzählige Kisten mit Gold und Geld. Hinter ihm
hatte sich die Tür geschlossen. Als er hinauswollte, überlegte er:
„Gerste? Hafer? Weizen? Öffne dich!" Die richtige Getreidesorte
wollte ihm einfach nicht einfallen. Da kamen die Räuber zurück.
Sie fanden Kasim und töteten ihn. Ali Baba aber zog mit seiner Frau
in das große Haus seines Bruders und lebte glücklich und zufrieden.

(aus den Geschichten von Tausendundeiner Nacht)

① In welchem Land lebten die beiden Brüder?

☐ Parsien   ☐ Porsien   ☐ Persien   ☐ Pirsien

② Verbinde Satzanfang und Satzende richtig.

Es waren 40 Räuber ⟩   ⟨ unglaubliche Schätze.

Die richtige Getreidesorte ⟩   ⟨ mit Taschen voller Gold.

In der offenen Höhle sah er ⟩   ⟨ wollte ihm einfach nicht einfallen.

③ Welche Getreidesorten findest du im Text?

☐ Roggen   ☐ Sesam   ☐ Weizen

☐ Dinkel   ☐ Gerste   ☐ Hafer

④ Suche im Text ein anderes Wort für diese Erklärung.

der geldsüchtige Kasim: der _____ Kasim

⑤ Streiche falsche Behauptungen durch.

- Ali Baba kletterte auf einen Baum.
- Kasim bestrich das Maß mit Leim.
- Ali Baba lud Kisten auf seine Esel.
- Kasims Frau war überglücklich.
- Ali Baba sammelte im Wald Pilze.
- Kasim war ein reicher Mann.

**⑥ Welche beiden Sprüche öffneten oder schlossen
die Felsenhöhle? Unterstreiche die Sprüche im Text.**

Heute fand ein großes Ritterturnier statt. Rund um den Turnierplatz war viel los: Akrobaten balancierten auf Seilen. Sänger machten Musik. Tänzerinnen tanzten.

Knappe Heinrich sattelte und schmückte Ritter Georgs Pferd. „Hoffentlich gewinnt Ritter Georg das Turnier gegen Ritter Karl!", flüsterte er. Er diente Ritter Georg seit vier Jahren und wollte einmal so mutig werden wie er. An diesem heißen Maitag musste er Georgs Pferd an den Akrobaten, Sängern und Tänzerinnen vorbei zum Turnierplatz führen.

Siegfried war Karls Knappe. Er stand vor einem kleinen, runden Zelt und spielte mit einer Distel. Böse sah er Heinrich an. „Euer Herr wird nie gewinnen", rief Siegfried, um Heinrich zu ärgern.
Aber Heinrich schwieg und führte das Pferd in einem großen Abstand um Siegfried herum.

Ein paar Meter weiter traf Heinrich eine blonde Frau. Sie trug ein langes, rotes Kleid. Furchtlos stand sie auf dem Weg und lächelte. Heinrich hielt an. „Das ist ein stattliches Pferd!", sagte die Frau. Während Heinrich kurz dem Feuerschlucker zusah, streichelte die junge Frau mit ihrer Hand über das ganze Pferd. Zwischendurch holte sie etwas aus ihrer Tasche. Heinrich staunte währenddessen über den Herren, der die brennenden Fackeln in seinen Mund steckte. Nun kam der Feuerschlucker zu Heinrich. Kurz strich er dem großen Pferd über den Kopf. Heinrich sah ihm zu. „Ist das Ritter Georgs Pferd?", fragte der Feuerschlucker. Der Knappe nickte. „So, so", sagte der Mann, „dann wollen wir mal sehen, wer heute gewinnt!" Er sah Heinrich ernst an.

Ritter Georg wartete bereits vor dem Turnierplatz auf sein Pferd.
Gleich sollte er mit einer langen Lanze in der Hand gegen Ritter Karl
antreten. Wer den Gegner vom Pferd stoßen konnte, hatte gewonnen.

Jetzt half Heinrich seinem Herren auf das Pferd.
Kaum aber hatte Georg sich in den Sattel gesetzt,
raste das Pferd wie wild los.
„Was ist denn los mit ihm?", fragte Heinrich
verzweifelt. So hatte er das Ross noch nie gesehen.
Normalerweise war es sehr ruhig.
Georg versuchte alles, um das Tier zu beruhigen.
Aber das Pferd war außer sich.
Es raste auf eine Gruppe Knappen zu, die im letzten Moment
ausweichen konnten. Dann rannte es ein paar Stangen und Fahnen
um. Zuletzt stieg es kerzengerade mit den Vorderbeinen
in die Höhe und warf Georg ab. In dem Augenblick erschien Karl
mit seinem Pferd auf dem Turnierplatz und sah grinsend
zu Georg hinunter.
Heinrich lief jetzt zu dem reiterlosen Pferd und fing es wieder ein.
Er sah sich das Pferd ganz genau an. Schließlich griff er unter den
Sattel und fand eine Distel. Die hatte das Pferd gepiekst.
Deshalb hatte es Georg abgeworfen!
Aber wer hatte dem Pferd die Distel unter den Sattel geschoben?

Es war _____.

Das kann dir helfen:
● Unterstreiche alle Personen, an denen Heinrich vorbeiging.
● Welche Person streichelte das Pferd, ohne dass Heinrich
   dabei zusah?

1 Es lebte einst in einem Wald
vor vielen hundert Jahren bald
ein Räuber, den man Robin nannte
und den im Land schnell jeder kannte.

2 Er raubte reiche Menschen aus,
für sie war das ein echter Graus!
Doch klaute er stets für die Armen,
mit diesen hatte er Erbarmen.

3 Ein Feind des Königs war er auch,
denn dieser schlug sich voll den Bauch
und nahm den Armen Geld dabei.
Ihr Leid – das war ihm einerlei!

4 Deshalb erfasste Robin Wut:
Was König John tat, war nicht gut!
Doch schaffte Robin es zuletzt,
dass König John wurd' abgesetzt.

5 Johns Bruder Richard wurde König.
Er gab den Reichen nur noch wenig,
und achtete auf arme Leute,
was Robin über alles freute.

6 Es bleibt zuletzt nur eine Frage,
die wir uns stellen heutzutage:
Ob Robin ein Halunke war
oder ein echter Held sogar?

**Welche Aussage passt zu welcher Strophe des Gedichts?
Trage die Nummern ein.**

Es ärgerte Robin Hood, was König John machte.
Deshalb sorgte er dafür, dass John nicht länger König war. ◯

König Richard war der Bruder von König John. Nachdem John
nicht mehr auf dem Thron saß, wurde Richard König.
Richard achtete auf die Armen. Darüber war Robin glücklich. ◯

Robin Hood raubte Menschen aus, die sehr reich waren.
Da er großes Mitleid mit den Armen hatte, gab er ihnen
seine Beute. ◯

König John ließ es sich immer sehr gut gehen. Er verlangte
von den armen Menschen Geld und lebte auf deren Kosten. ◯

Es ist heute schwer zu sagen, ob Robins Taten gut oder
schlecht waren. ◯

Robin Hood war ein bekannter Räuber, der in einem Wald
lebte. ◯

Riedersheimer Bote   *Montag, 20.5.2013*

Hund als Dieb

Eine Hundedame lief für einen Diebstahl zehn Kilometer weit. Paula, eine Schäferhündin aus Riedersheim, büchste eines Tages nach Berging aus. Dort spazierte sie in den Dorfladen und klaute einen großen Knochen. Weil der Laden eine Kamera zur Überwachung hatte, kam man ihr auf die Schliche. Die Besitzerin erkannte den Hund und holte sich ihre Bezahlung persönlich bei Paulas Besitzern ab.

Abendblatt   *Freitag, 24.5.2013*

Ein Handy fiel vom Himmel

Da staunten zwei Polizisten in Hohenries: Gestern landete plötzlich ein kleines Handy vor ihren Füßen. Sie sahen gerade noch eine Elster am Himmel davonfliegen. Der diebische Vogel hatte sich wohl irgendwo das glitzernde Telefon geklaut. Allerdings musste der Raub schon ein paar Tage her sein, da das Handy ziemlich durchnässt und mitgenommen aussah.

Morgenpost   *Dienstag, 28.5.2013*

Wer ist der Dieb?

Bei Familie Postel verschwanden immer wieder Dinge aus dem Garten: kleines Spielzeug, ein Gartenschuh, herumliegende Kleidung und einmal sogar ein Kuchen. Die Eltern verdächtigten zuerst ihre Kinder, aber nun kennt man den Übeltäter. Fritz, der Sohn, entdeckte ihn am frühen Sonntagmorgen, als er den Frühstückstisch decken wollte. Es war tatsächlich ein kleiner Fuchs, der da gerade eine seiner Sandalen aus dem Garten schleppte.

1 Welche Tiere kommen nicht
in den Zeitungsartikeln vor?

☐ Bernhardiner   ☐ Schäferhündin

☐ Fuchs   ☐ Elster

☐ Hase   ☐ Meerschweinchen

2 Welche Menschen kommen nicht in den Zeitungsartikeln vor?

☐ Fritz Postel   ☐ Familie Possel

☐ eine Ladenbesitzerin   ☐ Frau Fuchs

☐ Herr Riedersheimer   ☐ zwei Polizisten

3 Welche Orte kommen nicht in den Zeitungsartikeln vor?

☐ Hohenries   ☐ Niederberg   ☐ Fritzburg

☐ Possenhofen   ☐ Ricdersheim   ☐ Berging

4 Welche Gegenstände kommen nicht in den Zeitungsartikeln
vor?

☐ Hausschuh   ☐ großer Knochen   ☐ Sandalen

☐ Kuchen   ☐ Geldbeutel   ☐ Fernseher

☐ Handy   ☐ Hundehütte   ☐ Spielzeug

5 An welchem Tag entdeckte Fritz
den räuberischen Fuchs?
Schreibe das Datum auf.

_____

Die Klasse 2a hat sich im Theater eine Aufführung des Stücks „Ronja Räubertochter" angesehen. Anschließend wurden die Kinder von den Reportern der Schülerzeitung zum Stück befragt.
Das haben die Jungen und Mädchen erzählt:

Ronja ist die Tochter eines Räuberhäuptlings namens Mattis und seiner Frau Lovis.

Ronja trifft Birk, den Sohn des verfeindeten Räuberhauptmannes Borka.

Im Mattiswald, wo die Geschichte spielt, leben seltsame Wesen wie Graugnome, Wilddruden und Rumpelwichte.

Besonders gruselig waren die gefährlichen Wilddruden in ihren zotteligen Kostümen.

Astrid Lindgren aus Schweden hat die Buchvorlage für das Theaterstück geschrieben.

Weil sie Angst vor den Eltern haben, flüchten sich Ronja und Birk in eine Höhle.

Ronja und Birk werden beste Freunde. Aber ihre Eltern finden das gar nicht gut.

Die Eltern von Ronja und Birk beenden ihren Streit und die beiden Kinder kommen wieder zurück.

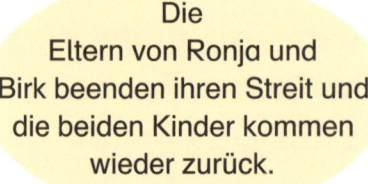

Wer hat was erzählt?
Notiere den Namen des Kindes.

- Ronjas Vater heißt Mattis, ihre Mutter Lovis.
  Sie sind eine Räuberfamilie.   _____

- Im Mattiswald leben unterschiedliche,
  wundersam aussehende Geschöpfe.   _____

- Ronja begegnet dem Sohn eines anderen
  Räubers.   _____

- Die Kinder befreunden sich, obwohl ihre Eltern
  das nicht wollen.   _____

- Weil die Eltern die Freundschaft verbieten,
  gehen die Räuberkinder gemeinsam weg.   _____

- Wilddruden sind besonders furchterregende
  Gesellen.   _____

- Ronja und Birk kehren heim, als die Eltern
  Frieden schließen.   _____

- Das Buch zum Stück hat eine schwedische
  Kinderbuchautorin geschrieben.   _____

„Potzblitz, ein Riesenschiff!", rief Piet im Morgengrauen. Erfreut sagte
der Piratenboss: „So ein großes Schiff haben wir noch nie überfallen."
Er trommelte seine Piratenmannschaft zusammen und befahl:
„Das ist unsere Chance! Los, Leute, das Schiff gehört uns! Wir werden
es einnehmen und damit zu Leffe schippern. Der wird Augen machen!"
Leffe war Piets Piratenfreund. Dennoch lagen die beiden ständig im
Wettstreit. Jeder wollte der beste Pirat sein. Und so versuchten sie
stets, sich zu übertrumpfen. „So ein großes Schiff hat Leffe bestimmt
noch nie gesehen!", sagte Piet und freute sich jetzt schon auf Leffes
dummes Gesicht, wenn er ihm seine Beute zeigte.

Das Schiff lag ruhig da. Offenbar schlief die Mannschaft noch.
Jetzt konnten sie es wagen! Piet wollte mit seinen Leuten die Matrosen
im Schlaf überraschen und so das Schiff kapern.
Schnell waren sie an das Schiff herangefahren und hinübergeklettert.
Doch auf dem Schiff war zunächst weit und breit niemand zu sehen.
Plötzlich tauchten aber aus den Kajüten eine Menge Piraten auf und
lachten laut. Es war Leffe mit seinen Leuten.
„Tod und Teufel, das darf doch wohl nicht wahr sein!", fluchte Piet.
„Tja", sagte Leffe, „da sind wir dir leider zuvorgekommen! Aber ich
wusste, du würdest anbeißen, wenn das große Schiff vor dir auftaucht!
Nur leider gehört es bereits mir. So ein großes Schiff hast du dir
noch nie unter den Nagel gerissen, was Piet?!" Er klopfte seinem
Freund auf die Schulter. Der kochte vor Wut. Da hatte Leffe ihn doch
glatt ausgetrickst!

① Zu welcher Tageszeit entdeckte Piet ein sehr großes Schiff?

_____

**② Worauf freute sich Piet besonders,
als er das große Schiff sah?
Unterstreiche.**

- Er freute sich darauf,
  sich das Gold im Schiff zu holen.

- Er freute sich darauf,
  Leffe das Schiff zu schenken.

- Er freute sich darauf,
  Leffe seine große Beute zu zeigen.

**③ Wie hat Leffe seinen Freund ausgetrickst? Kreuze an.
Es passen mehrere Antworten.**

- ☐ Er hat so getan, als sei das Schiff noch nicht überfallen
  worden.

- ☐ Er hat Piets Schiff mit seinen Männern überfallen.

- ☐ Er hat das Schiff dort hingefahren, wo Piet es entdecken
  konnte.

- ☐ Leffes Leute haben mit Piets Leuten um das Schiff gekämpft.

**④ Suche im Text andere Wörter für diese Erklärungen.
Schreibe sie auf.**

- Anführer einer Gruppe,
  die Schiffe überfällt: _____

- Raum eines Schiffs, in dem
  man wohnen und schlafen kann: _____

- eine besondere Gelegenheit: _____

In einem Dorf nahe der Burg Weißenstein redeten eines Morgens alle durcheinander. Ein böser Ritter hatte das Dorf angegriffen.

Sein schwarzes Pferd wieherte schrecklich laut.

Dem Himmel sei Dank, dass Ritter Eisenherz den Kampf gewann.

Der schwarze Ritter jagte unsere Schafe und Ziegen davon.

Heute um Mitternacht kam der schwarze Ritter. Er schlug mit seinem Schwert an die Türen unserer Hütten.

Er hatte eine Fackel in der Hand. Wir hatten schreckliche Angst, dass er alle Hütten unseres Dorfes niederbrennen würde.

Im letzten Augenblick erschien Ritter Eisenherz. Er ist der mutigste Ritter, den es für mich gibt. Er kämpfte mit dem schwarzen Ritter.

Lies dir die Sätze genau durch. Achte auf die Bilder von der linken Seite.

Welche Aussagen sind richtig? Kreuze an.

☐ Der schwarze Ritter jagte den Menschen des Dorfes sehr große Angst ein.

☐ Ritter Eisenherz konnte den Dorfbewohnern nicht helfen, obwohl er es gerne wollte.

☐ Die Leute des Dorfes besaßen Tiere.

☐ Es fand ein Kampf zwischen den Rittern statt.

☐ Der schwarze Ritter brannte das Dorf nieder.

☐ Der böse Ritter hatte ein weißes Pferd.

☐ Um 12 Uhr nachts tauchte der schwarze Ritter im Dorf auf.

☐ Der schwarze Ritter hatte eine brennende Fackel und ein Schwert dabei.

☐ Der böse Ritter klopfte mit der Hand an die Türen der Dorfbewohner.

☐ Der schwarze Ritter gewann den Kampf gegen Ritter Eisenherz.

☐ Der schwarze Ritter stahl eine Ziege.

☐ Der Überfall fand in der Nähe der Burg Weißenstein statt.

☐ Eine alte Frau empfand das Wiehern eines Pferdes als sehr laut.

☐ Eine junge Frau hält Ritter Eisenherz für einen Mann mit sehr viel Mut.

☐ Ein Mädchen berichtet über die Angst der Dorfbewohner.

☐ Ein junger Mann ist glücklich über den Ausgang des Kampfes.

☐ Ein alter Mann berichtet über das Erscheinen des rettenden Ritters.

AHOI!

Die Seefahrer haben besondere Ausdrücke.
Trage die Buchstaben ein.
Sie ergeben ein Lösungswort.

1	Steuermann	**B**	er ist Chef an Bord und gibt die Kommandos
2	Anker	**R**	Hallo! (Seemannsgruß)
3	an Bord sein	**N**	Schutzgeländer am Boot, verhindert, dass man über Bord geht
4	Kapitän		
5	Kombüse	**U**	Ausguck oben am Mast
6	Mastkorb	**L**	großer, schwerer Eisenhaken, der das Schiff am Meeresboden festhält
7	Deck		
8	Smutje	**M**	an ein fremdes Schiff anlegen und hinübergelangen
9	Ahoi!	**A**	auf einem Schiff sein
10	ein Schiff entern	**A**	Windstille
11	Flaute	**A**	Schiffsküche
12	Kajüte	**N**	Raum unter Deck
13	Reling	**T**	Schiffsoberfläche, der Boden über den Kajüten
		E	Schiffskoch
		K	derjenige, der das Schiff lenkt

Lösungswort:

1	2	3	4	5	6	7	8	9	10	11	12	13